DEUTSCH ALS FREMDS

Silke Hilpert | Anne Robert
Anja Schümann | Franz Specht
Barbara Gottstein-Schramm
Susanne Kalender | Isabel Krämer-Kienle

Schritte 6 international

aktualisierte Ausgabe

Kursbuch + Arbeitsbuch

Hueber Verlag

Beratung:
Prof. Dr. Jörg Roche, Ludwig-Maximilians-Universität München

Fotogeschichte:
Regie: Franz Specht, Weßling
Fotograf: Alexander Keller, München
Darsteller: Rishi Sharma, Claudia Engl und andere
Organisation: Iciar Caso, Weßling

Phonetik:
Werner Bönzli, Reichertshausen

Aufgaben zum Zertifikat B1:
Frauke van der Werff

4. 3. 2. | Die letzten Ziffern
2019 18 17 16 15 | bezeichnen Zahl und Jahr des Druckes.
Alle Drucke dieser Auflage können, da unverändert,
nebeneinander benutzt werden.
1. Auflage

Lektorat: Dörte Weers, Marion Kerner, Hueber Verlag, Ismaning
Zeichnungen: Jörg Saupe, Düsseldorf
Layout: Marlene Kern, München
Satz: Sieveking · Agentur für Kommunikation, München
Druck und Bindung: Himmer AG, Augsburg
Printed in Germany
ISBN 978-3-19-701856-0

Art. 530_11238_001_02

AUFBAU

Symbole / Piktogramme

Kursbuch		Arbeitsbuch	
Hörtext auf CD	CD 1 05	Hörtext auf CD	CD3 12
Grammatik	sprechen über + ihn/sie: ..., über den/die ... gesprochen hast?	Vertiefungsübung	Ergänzen Sie.
Hinweis	Adjektive als Nomen bekannt → der/die Bekannte ein Bekannter eine Bekannte	Erweiterungsübung	Ergänzen Sie.
Aktivität im Kurs			
Redemittel	Verständnis zeigen *Mir geht es (manchmal) genauso.* *Das Gefühl / Problem kenne ich gut.* *Ich wüsste auch gern ...*		

Inhalt Kursbuch

Unter Freunden

9

Technik und Alltag

10

Rund ums Produkt

Mit Menschen

12

Rat und Hilfe

13

Aus Politik und Geschichte

14

Zu Hause in der Welt

Vorwort

Liebe Leserinnen, liebe Leser,

Schritte international ist ein Lehrwerk für die Grundstufe. Es führt Lernende ohne Vorkenntnisse in jeweils zwei Bänden zu den Sprachniveaus A1, A2 und B1, wie sie im Gemeinsamen Europäischen Referenzrahmen definiert sind. Gleichzeitig bereitet *Schritte international* gezielt auf die Prüfungen der Niveaustufen A1, A2 und B1 vor.

Das Kursbuch

Jede der sieben Lektionen eines Bandes besteht aus einer Einstiegsdoppelseite, den Lernschritten A bis D/E, einer Übersichtsseite sowie einem Zwischenspiel. Die Lernschritte A bis D/E sind jeweils in sich abgeschlossen, was einen klaren und transparenten Aufbau schafft.

- **Einstieg:** Jede Lektion beginnt mit einer Folge einer unterhaltsamen Foto-Hörgeschichte. Die Episoden bilden den thematischen und sprachlichen Rahmen der Lektion. Der Handlungsbogen dient als roter Faden für die Lektion und erleichtert die Orientierung im Lernprogramm.

- **Lernschritt A bis B/C:** Diese Seiten bilden jeweils in sich abgeschlossene Einheiten und folgen einer klaren, einheitlichen Struktur:
  In der Kopfzeile jeder Seite sehen Sie, um welchen Lernstoff es geht. Die Einstiegsaufgabe führt den neuen Stoff ein, indem sie mit einem „Zitat" an die gerade gehörte Foto-Hörgeschichte anknüpft. Grammatik-Einblendungen machen die neu zu lernenden Sprachstrukturen bewusst. Die folgenden Aufgaben dienen dem Einüben der neuen Strukturen. Sie üben den neuen Stoff zunächst meist in gelenkter, dann in freierer Form. Den Abschluss des Lernschritts bildet eine freie, oft spielerische Anwendungsübung oder ein Sprechanlass.

- **Lernschritt** (**C** und) **D/E:** Hier werden die vier Fertigkeiten – Hören, Lesen, Sprechen und Schreiben – nochmals in authentischen Alltagssituationen trainiert und systematisch erweitert.

- **Übersicht:** Die wichtigen Strukturen, Wendungen und Strategien einer Lektion sind hier systematisch aufgeführt.

- **Zwischenspiel:** Landeskundlich interessante und spannende Lese- und Hörtexte über Deutschland, Österreich und die Schweiz mit spielerischen Aktivitäten runden die Lektion ab.

Das Arbeitsbuch

Im integrierten Arbeitsbuch finden Sie:

- Übungen zu den Lernschritten A bis D/E des Kursbuchs in verschiedenen Schwierigkeitsgraden, um innerhalb eines Kurses binnendifferenziert mit schnelleren und langsameren Lernenden zu arbeiten
- Übungen zur Phonetik
- Übungen, die zum selbstentdeckenden Erkennen grammatischer Strukturen anleiten
- Anregungen zum autonomen Lernen in Form eines Lerntagebuchs
- Aufgaben zur Vorbereitung auf die Prüfungen der Niveaustufen A1, A2 und B1
- ein systematisch aufgebautes Schreibtraining
- zahlreiche Möglichkeiten, bereits gelernten Stoff zu wiederholen
- Lernwortschatzlisten

Die integrierte CD enthält alle Hörtexte des Arbeitsbuchs sowie interaktive Wiederholungsübungen für den Computer.

Eine Wiederholungssequenz über den in je zwei Bänden erworbenen Lernstoff und ein Modelltest mit Tipps zur Prüfungsvorbereitung finden sich am Ende jeder Niveaustufe *(Schritte international 2, 4, 6)*.

Was bietet *Schritte international* darüber hinaus?

- Selbstevaluation: Mithilfe eines Fragebogens können die Lernenden ihren Kenntnisstand selbst überprüfen und beurteilen.
- einen ausführlichen Grammatikanhang und eine alphabetische Wortliste am Ende des Buchs
- Unter www.hueber.de/schritte-international finden Sie zahlreiche Übungen, Kopiervorlagen, Spiele, Texte und vieles mehr.
- kostenlose Modelltests zu den Prüfungen der Niveaustufen A1, A2 und B1 im Lehrwerksservice und im Prüfungsportal unter www.hueber.de/pruefungen

Viel Spaß beim Lehren und Lernen
mit *Schritte international* wünschen Ihnen

Autoren und Verlag

Die erste Stunde im Kurs

1 **Stellen Sie sich vor. Wie heißen Sie?**

2 **Kennen Sie die drei Leute auf den Fotos?**

- Wenn nein, lesen Sie, was die Leute über sich erzählen.
- Wenn ja, lesen Sie auch die Texte und berichten Sie, was Sie noch über die drei wissen.

Hallo! Ich heiße **Nasseer** und arbeite hier bei „Pizza&Curry". Das ist ein Homeservice für indisches und italienisches Essen. Meine Kollegin Maja organisiert die Bestellungen, Giovanni kocht und ich bringe das Essen zu den Leuten nach Hause. Dabei erlebt man eine Menge. Na, Sie sehen und hören es ja bald, in den Foto-Hörgeschichten. Gleich auf der nächsten Seite geht's los.

Ich bin **Maja**. Giovanni, Nasseer und ich, wir sind ein sehr gutes Team. Ich finde, wer zusammen arbeitet, sollte sich auch gut verstehen. Arbeiten, nur um Geld zu verdienen, das wäre mir zu wenig. Nasseer ist sehr nett. Er ist lustig, intelligent und sieht gut aus. Für mich ist er mehr als nur ein Kollege. Ja, er ist fast wie ein Bruder. Ob er das wohl genauso sieht?

Ich heiße Giovanni und will Ihnen mal was sagen: Nasseer und Maja haben nicht gelogen, aber ich glaube, dass hier trotzdem noch ein paar sehr wichtige Informationen fehlen. Macht aber nichts, denn in den folgenden sieben Foto-Hörgeschichten erfahren Sie mehr über die beiden ... und über eine Menge anderer Leute. Viel Spaß dabei!

3 **Erzählen Sie nun Ihrer Partnerin / Ihrem Partner über sich selbst. Stellen Sie dann Ihre Gesprächspartnerinnen und -partner dem Kurs vor.**

Ausbildung ● Beruf ● Arbeitsplatz ● Familie ● Wohnung ● Hobbys ● Träume ● ...

8 Unter Freunden

1 2 5 6

FOLGE 8: *EIN BEKANNTER*

1 **Sehen Sie die Fotos an und beantworten Sie die Fragen.**

a Foto 1: Kennen Sie das Spiel? Wie heißt es?
b Fotos 1–5: Wo spielt die Szene? Und wann? Was meinen Sie?
c Fotos 6 und 7: Kommt Ihnen die neue Person bekannt vor? Wer ist das?
d Was ist mit Nasseer los? Was meinen Sie?

2 **„Revanche!" Wo passt dieser Ausruf? Ergänzen Sie und ordnen Sie zu.**

1 Juhu, gewonnen! ....

2 Verloren, okay! Jetzt aber ....

A

B

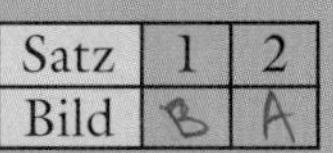

Satz	1	2
Bild		

CD 1 2-9 **3** **Sehen Sie die Fotos an und hören Sie.**

4 Was passt?

N = Nasseer ○ M = Maja ○ G = Giovanni

a .... langweilt sich.
b .... räumt noch die Küche auf.
c .... möchte noch ausgehen.
d .... möchte wissen, mit wem sie ausgeht.
e .... gefällt der neue Bekannte Eberhard recht gut.
f .... möchte Maja auch gern gefallen.
g .... macht sich über Nasseer lustig.
h .... ist erleichtert, als Eberhard kommt.
i .... stellt Eberhard die Kollegen vor.
j .... ärgert sich, weil Eberhard meint, dass er das Spiel verliert.
k .... ärgert Nasseer, weil Eberhard recht hatte.
l .... hat das Spiel verloren und will Revanche.

5 Vergleichen Sie nun mit Ihren Vermutungen aus 1d und beantworten Sie die Fragen.

a Was für eine Beziehung haben Nasseer und Maja?
b Warum ärgert sich Nasseer über Eberhard? Können Sie sein Verhalten verstehen?

Du sollst jetzt **Schach** spielen!

CD 1 10-13 **A1** **Spiele**

a Hören Sie und ordnen Sie zu.

A 

B 

C 

D 

1 Man muss auch verlieren können.
2 Du sollst jetzt Schach spielen!
3 Hey, du bist dran!
4 Das ist gegen die Regel!

Bild	A	B	C	D
Satz	2	1	3	4

b Erzählen Sie.
- Was für Spiele spielen Sie gern?
- Wann haben Sie zuletzt ein Spiel gespielt?
- Mit wem?

A2 **Eine Spielanleitung. Ordnen Sie zu.**

A 

B 

C 

Bild	A	B	C
Absatz		2	1

Lustiges Wörterraten

ab 4 Spielern

1 Bilden Sie zwei Mannschaften. Jede Mannschaft schreibt zunächst fünf Wörter auf verschiedene Kärtchen, dreht sie um und gibt sie der anderen Mannschaft.

2 Ein Spieler dieser Mannschaft nimmt ein Kärtchen und erklärt seinem eigenen Team das Wort. Er darf dabei das Wort selbst nicht benutzen oder übersetzen, er muss es mit anderen Worten umschreiben oder es mit Mimik und Gestik darstellen.

3 Falls seine Mitspieler das Wort nicht in 30 Sekunden erraten haben, ist der zweite Spieler dran. Er zieht das nächste Kärtchen und erklärt „sein" Wort. Für jedes richtig geratene Wort erhält die Mannschaft einen Punkt.

Falls seine Mitspieler das Wort nicht erraten haben, …
=
Wenn seine Mitspieler …

A3 **Bilden Sie nun zwei Mannschaften und spielen Sie das Spiel aus A2.**

Haushalt | Pension | …

CD 1 14 **B1** **Du oder Sie? Hören Sie noch einmal. Was meinen Sie? Warum siezt Nasseer Eberhard, obwohl dieser ihn duzt?**

CD 1 15-16 **B2** **Das Du anbieten**

a Wo sind die Leute? Hören Sie und kreuzen Sie an.

	im Büro	auf dem Spielplatz	im Kindergarten	in der Cafeteria
1	☐	☐	☐	☐
2	☐	☐	☐	☐

b Wie bieten die Leute das Du an? Wie nehmen sie das Du an? Hören Sie noch einmal und kreuzen Sie an.

das Du anbieten

1	2	
☐	☐	Ich fände es nett, wenn wir uns duzen. Ich bin …
☐	☐	Übrigens, von mir aus können wir uns gern duzen. Ich heiße …
☐	☐	Wir sagen hier alle Du zueinander. Wenn es Ihnen recht ist, dann können wir uns gern duzen.
☐	☐	Ach, wollen wir uns nicht lieber duzen?

das Du annehmen

1	2	
☐	☐	Ja, gern! Ich heiße …
☐	☐	Das ist nett, …
☐	☐	Schön! Hallo … Ich bin …
☐	☐	Alles klar! Ich heiße …

B3 **Duzen oder siezen?**

a Ordnen Sie die Gespräche in B2 den Abschnitten zu.

Gespräch	1	2
Abschnitt		

Favoriten | Verlauf | Suchen | Album | Seitenhöhe

Duzen oder siezen?

Gibt es da verbindliche Regeln? Das ist eine schwierige Frage. Wir haben versucht, für Sie eine kurze Antwort zu finden.

1 Im Arbeitsleben wird im Allgemeinen gesiezt. Das gilt vor allem im Umgang mit Kunden sowie auf Ämtern und Behörden. Allerdings gibt es zunehmend Branchen, in denen das Du üblich ist, wie zum Beispiel in der Computerbranche, in der Werbung, in der Gastronomie oder auf dem Bau. Dem kann man sich schlecht widersetzen. Wird in einem Betrieb normalerweise gesiezt, dann bietet die Person das Du an, die eine höhere Stellung hat oder schon länger im Betrieb ist.

2 Im Privatleben wird im Vergleich zu früher mehr geduzt, also nicht nur in der Familie und unter Freunden. Das Du schafft Gemeinschaft, egal, ob es die gleichaltrigen Kinder sind, die Nachbarn, derselbe Arbeitsweg oder der Hund. Es gilt dabei nach wie vor die altbekannte Regel, nach der die Älteren den Jüngeren das Du anbieten.

3 Generell kann man sicherlich sagen: Wer zu schnell duzt, gilt als unhöflich. Wer zu lange siezt, wirkt steif.

b Wer kann das Du anbieten? Wie lauten die beiden Regeln? Lesen Sie noch einmal und ergänzen Sie.

Im Arbeitsleben: Die Person, *die* …

Im Privatleben: Die Person,

B4 **Wie ist das bei Ihnen? Erzählen Sie.**

- In Ihrer Sprache gibt es die Anrede mit Sie und Du: Wen siezen oder duzen Sie?
- In Ihrer Sprache gibt es die Anrede mit Sie und Du nicht. Wen reden Sie mit Vornamen, wen mit Nachnamen an?

im Job ● Nachbarn ● an der Uni ● in meiner Lieblingskneipe ● im Verein ● …

Ist das der Bekannte, **über den** du neulich gesprochen hast?

CD 1 17

C1 Wie sagen Nasseer und Maja? Ergänzen Sie. Hören Sie dann und vergleichen Sie.

a Ist das der Bekannte, über den du neulich gesprochen hast?
(*Du hast neulich* ***über*** ***ihn*** *gesprochen.*)

b Nein, nicht Max. Ich meine den Bekannten, von dem du mir erzählt hast.
(*Du hast mir* ***von*** ***ihm*** *erzählt.*)

c Das sind die Kollegen, von denen ich dir erzählt habe.
(*Ich habe dir* ***von*** ***ihnen*** *erzählt.*)

sprechen **über** + **ihn/sie**: …, **über den/die** … gesprochen hast?
erzählen **von** + **ihm/ihr**: …, **von dem/der** … erzählt hast.
erzählen **von** + **ihnen**: …, **von denen** … erzählt habe.

C2 Wer ist …?

a Markieren Sie die Person und die Präposition.

Adjektiv als Nomen
der/die Bekannte
bekannt → **ein** Bekannt**er**
eine Bekannte
auch so: Jugendlicher, Erwachsener, Deutscher, …

b Ergänzen Sie und sprechen Sie.

1 Tom? Das ist so ein verrückter Bekannter, mit dem ich mehere Monate durch Indonesien gereist bin.

2 Leo? Das ist mein treuester und romantischster Freund, von dem ich oft so schöne Gedichte bekomme.

3 Michaela? Das ist eine gute Bekannte, über die ich immer lachen muss.

4 Maria? Das ist eine meiner besten Freundinnen, an der ich noch nie gezweifelt habe.

CD 1 18

C3 Hören Sie das Lied „Freundinnen …" von Funny van Dannen.

a Was machen die Freundinnen zusammen? Notieren Sie und sammeln Sie im Kurs.

b Wie endet die Freundschaft?

über alles reden
über alles lachen

C4 Was machen Sie mit wem?

Notieren Sie die Namen von Freunden, Nachbarn, Bekannten und Kollegen auf einen Zettel. Schreiben Sie auf einen anderen Zettel, was Sie mit diesen Leuten unternehmen. Tauschen Sie dann die Zettel mit den Namen mit Ihrer Partnerin / Ihrem Partner und fragen und antworten Sie.

Jurek — Kollege, Sport machen

Jana, wer ist Jurek?

Jurek ist ein Kollege, mit dem ich viel Sport mache. Hast du denn auch einen Kollegen, mit dem du …

n-Deklination
einen Kollege**n**
einem Kollege**n**
auch so: einen Nachbar**n**, Mensch**en**, …

1 19 D1

Kontaktanzeigen

a Lesen Sie die Kontaktanzeige. Was erfahren Sie über Simone? Machen Sie eine Tabelle.

Simone, Lehrerin

... Drei Dinge, die mir wichtig sind: Humor, Fröhlichkeit und Offenheit. Ich suche einen Menschen, der – wie ich – ausspricht, was er denkt, und der über sich selbst am besten lachen kann. Jemanden, der glaubt, dass Vertrauen die Grundlage einer guten Beziehung ist, der kleine Schwächen verzeihen kann und sich bemüht, seinem Partner den notwendigen Raum zum Leben zu geben.
Wenn ich nicht arbeiten muss, dann spanne ich aus und genieße das Leben, bei einem guten Buch oder bei guter Musik, bei spontanen Treffen mit Freunden, Bekannten oder meiner Familie oder auch bei sportlichen Aktivitäten, Kino-, Theater- oder Museumsbesuchen, Reisen. Aber am wichtigsten ist mir: dass man nicht immer an seinen alten Gewohnheiten festhält.

	Beruf	Alter	Interessen/Hobbys	Was ist besonders wichtig?
Simone				

b Hören Sie nun eine Radiosendung über Partnersuche online. Was hat Simone an Matthias gut gefallen? Machen Sie Notizen und sammeln Sie.

c Hören Sie noch einmal und kreuzen Sie an: richtig oder falsch?

		richtig	falsch
1	Simone hat zum ersten Mal in ihrem Leben im Internet einen Partner gesucht.	☐	☐
2	Sie hatte sich nach ersten E-Mail-Kontakten mit drei Männern getroffen.	☐	☐
3	Die waren ihr aber nicht sympathisch, weil sie nicht höflich genug waren.	☐	☐
4	Matthias hat ihr schon auf dem Foto besonders gut gefallen.	☐	☐
5	In Wirklichkeit sah Matthias ganz anders aus, als sie erwartet hatte.	☐	☐
6	Bei ihrem ersten Treffen wussten sie gar nicht, worüber sie sprechen sollten.	☐	☐
7	Als es dunkel war, haben sie einen kurzen Spaziergang gemacht.	☐	☐
8	Danach haben sie sich dann SMS und E-Mails geschrieben und telefoniert.	☐	☐
9	Die nächste Einladung zu einer Verabredung kam erst nach Wochen.	☐	☐
10	Nun wohnen sie zusammen und sind sehr glücklich.	☐	☐

D2

Machen Sie ein Partnerinterview.

a Entscheiden Sie sich für eine Person, die Sie gern beschreiben möchten. Das kann eine Person sein, die Sie regelmäßig treffen oder mit der Sie zusammen Sport machen oder die Sie schon lange kennen, oder vielleicht auch eine berühmte Persönlichkeit.
Ihre Partnerin / Ihr Partner stellt Ihnen Fragen dazu.

b Überlegen Sie sich, was Sie gern über die Person erfahren möchten, für die Ihre Partnerin / Ihr Partner sich entschieden hat. Wählen Sie fünf Fragen aus und machen Sie ein Interview. Fassen Sie zum Schluss alles, was Sie über die Person wissen, zusammen.

Wann und wo hast du sie/ihn zum ersten Mal getroffen? **Wie war dein erster Eindruck?**

Was magst du an ihr/ihm? – Was magst du nicht an ihr/ihm?

Wie sieht sie/er aus? **Was habt ihr gemeinsam? – Worin unterscheidet ihr euch?**

Wie ist ihre/seine Familie? **Welche Kleidung trägt sie/er?** **Was ist sie/er von Beruf?**

Welchen Einfluss hat(te) sie/er auf dich?

E1 Wieder Single!

a Was ist dem Mann passiert? Wie fühlt er sich?
b Welche Tipps würden Sie ihm geben?

E2 Tipps für „danach"

a Lesen Sie den Text. Gibt es Tipps, die Sie auch in E1 gegeben haben? Unterstreichen Sie sie.

Wie geht's weiter?

Ihre Partnerin oder Ihr Partner hat die Beziehung mit Ihnen einfach beendet? Sie sind zornig, enttäuscht und traurig zugleich und wissen nicht, was Sie nun tun sollen? Hier ein paar nützliche Tipps, wie das Leben „danach" weitergehen kann.

In der ersten Woche:
Ganz wichtig: Bewegen Sie sich viel. Machen Sie Spaziergänge oder gehen Sie joggen. Gehen Sie anschließend in die Sauna oder nehmen Sie zu Hause ein warmes Bad zur Entspannung. Denken Sie nur an sich und Ihr eigenes Wohl! Kochen Sie sich etwas Gutes und laden Sie gute Freunde ein. Allein sein ist in diesen ersten Momenten noch etwas schwierig. Sie möchten Ihren Kummer mitteilen, und wirklich gute Freunde halten das auch aus. Lenken Sie sich ab, zwingen Sie sich dazu, das Haus zu verlassen, gehen Sie mit Freunden ins Kino, ins Theater oder etwas trinken. Aber seien Sie vorsichtig bei der Auswahl der Kneipen: Ziehen Sie Kneipen vor, in denen Sie in der Vergangenheit noch nicht mit Ihrer Ex-Partnerin oder Ihrem Ex-Partner waren.

In der zweiten Woche:
Sie sehen nun all die Dinge, die Sie an Ihre Beziehung erinnern. Nun heißt es kühlen Kopf bewahren. Packen Sie alle diese Sachen in einen Karton und stellen Sie sie auf den Speicher. Geben Sie Geschenke, die Sie bekommen haben, auf keinen Fall zurück! Denn Sie werden nach einiger Zeit feststellen, dass das alles überhaupt nicht zu Ihnen gepasst hat. Und: Vielleicht können Sie das Zeug noch bei eBay verkaufen.
Machen Sie es ebenso mit den Fotos und Briefen. Bitte nicht wegwerfen! Schauen Sie sie erst viel später wieder an und zerreißen Sie sie dann. Je leichter Ihnen das fällt, desto besser haben Sie den Verlust überwunden.
Setzen Sie sich nun hin und schreiben Sie einen Brief. Sagen Sie Ihrer Ex-Partnerin oder Ihrem Ex-Partner, was Sie ihr oder ihm schon immer einmal sagen wollten. Und zwar ganz ausführlich und sehr, sehr deutlich! Schließlich lassen Sie sich doch nicht alles einfach so gefallen! Stecken Sie den Brief in ein Kuvert, aber schicken Sie ihn bitte nicht ab. Das Schreiben hat nur einen Zweck: Je mehr Sie sich von der Seele schreiben können, desto mehr verschwinden der Zorn und die Enttäuschung. Und Sie werden allmählich feststellen können, dass es vielleicht doch ganz gut ist, dass es so gekommen ist, wie es ist!

Je leichter Ihnen das fällt, **desto** besser haben Sie den Verlust überwunden.
Es fällt Ihnen immer leichter. → Sie haben den Verlust immer besser überwunden.

b Lesen Sie noch einmal, unterstreichen Sie alle Tipps und vergeben Sie Noten:
1 = sehr gut, 2 = gut, 3 = geht so, 4 = unmöglich

Tipp	Note
sich viel bewegen	
in die Sauna gehen	

E3 Diskutieren Sie im Kurs.

Was? Du findest die Idee gut, was Gutes zu kochen? In der Situation hätte ich gar keinen Hunger!

Doch, da muss man gute Sachen essen. Sonst nimmt man zu viel ab.

Grammatik

1 Konjunktion: ***falls***

	Konjunktion	Ende
Der zweite Spieler ist dran,	**falls** seine Mitspieler das Wort nicht (= wenn)	**erraten haben.**

→ ÜG, 10.11

2 Relativsatz mit Präposition

Ist das **der Kollege,**	**über den** **von dem**	
Ist das **die Bekannte,**	**über die** **von der**	du gesprochen hast? (sprechen über + Akkusativ) du erzählt hast? (erzählen von + Dativ)
Sind das **die Kollegen,**	**über die** **von denen**	

3 Adjektiv als Nomen: ***bekannt → der Bekannte***

	Nominativ	Akkusativ	Dativ
maskulin	der Bekannte ein Bekannter	den Bekannten einen Bekannten	dem Bekannten einem Bekannten
feminin	die Bekannte eine Bekannte	die Bekannte eine Bekannte	der Bekannten einer Bekannten
Plural	die Bekannten – Bekannte	die Bekannten – Bekannte	den Bekannten – Bekannten

auch so: jugendlich: der/die Jugendliche; erwachsen: der/die Erwachsene; deutsch: der/die Deutsche

→ ÜG, 4.06

4 n-Deklination

	Nominativ		Akkusativ		Dativ	
maskulin	der/ein	Kollege	den / einen	Kollegen	dem / einem	Kollegen
Plural	die/ –	Kollegen	die / –	Kollegen	den / –	Kollegen

auch so: der Mensch, der Nachbar, der Praktikant, der Herr, der Junge, der Pole, der Grieche …

→ ÜG, 1.04

5 Zweiteilige Konjunktion: ***je … desto***

Je leichter Ihnen das fällt, **desto** besser haben Sie den Verlust überwunden.
Es fällt Ihnen immer leichter. → Sie haben den Verlust immer besser überwunden.

→ ÜG, 10.13

Wichtige Wendungen

im Spiel

Mannschaften bilden • ein Kärtchen ziehen • etwas erraten • dran sein • einen Punkt erhalten • Du bist dran. • Das ist gegen die Regel! • Man muss auch verlieren können. • Juhu, gewonnen! • Verloren, okay. Jetzt aber Revanche!

das Du anbieten

Ich fände es schön/nett, wenn wir uns duzen. Ich bin … • Übrigens, von mir aus können wir uns gern duzen. Ich heiße … • Wir sagen hier alle Du zueinander. Wenn es Ihnen recht ist, dann können wir uns gern duzen. • Ach, wollen wir uns nicht lieber duzen?

das Du annehmen

Ja, gern! Ich heiße … • Das ist nett, … • Schön! Hallo … Ich bin … • Alles klar! Ich heiße …

Das ist eine der wenigen Fragen, auf die es hier eine ganz klare Antwort gibt: Ja, mit *Ursus & Nadeschkin* gibt's was zu lachen, und zwar so, dass man Angst um seine Bauchmuskeln bekommt. Aber was die zwei machen, die kleine schlanke Nadeschkin mit ihren wilden Rastalocken und der lange dünne Ursus mit dem Philosophenblick, das ist schon viel schwerer zu beantworten. Sind sie Akrobaten oder Kabarettisten, Komiker oder Dadaisten, Musiker oder Tänzer, Sänger oder Animateure, Pantomimen oder Clowns? Oder alles zusammen? Oder ganz was anderes?

Die beiden Künstler heißen eigentlich Urs Wehrli (*1969) und Nadja Sieger (*1968). Sie kommen aus der Schweiz und sind seit 1987 *Ursus & Nadeschkin*. Seit 1990 arbeiten sie mit dem Regisseur Tom Ryser zusammen. Sie haben in Europa, Amerika und Australien Tausende ausverkaufte Vorstellungen gegeben und viele internationale Preise bekommen.

1 **Sehen Sie nur die Fotos an. Lesen Sie die Texte noch nicht. Was meinen Sie? Was sind die beiden von Beruf?**

2 **Lesen Sie die Texte und machen Sie dann eine Aufgabe für Ihre Partnerin / Ihren Partner.**

Variante 1:
Schreiben Sie acht Aussagen zu den Texten. Manche sind richtig, manche sind falsch. Ihre Partnerin / Ihr Partner entscheidet, welche richtig ist.
Variante 2:
Schreiben Sie fünf Fragen zu den Texten. Ihre Partnerin / Ihr Partner beantwortet die Fragen.

Eigentlich ist es ja egal, denn ob sie nun mit Haushaltsgegenständen spielen oder mit Worten, ob sie singen, tanzen oder Krach schlagen – was auch immer sie tun, es ist so lustig und unerwartet, es geht so schnell und mit einer so unglaublichen Präzision, dass das Publikum Augen und Mund aufmacht und die Zeit vergisst. *Ursus & Nadeschkin* drehen alles so lange hin und her, bis am Ende völlig klar ist, dass gar nichts klar ist. In ihrem Programm *‚Weltrekord‘* bringen sie alle Zuschauer dazu, sich kleine Flaschen aus Plastik auf den Kopf zu stellen und dann im Chor zu sagen: *„Ich habe eine recycelbare PET-Flasche auf dem Kopf und mache gerade einen Weltrekord.“* Das Ergebnis: 350 Menschen, die in Rekordlautstärke über sich selbst und über Weltrekorde lachen.

Ursus & Nadeschkin machen ihren Zuschauern ein großes Geschenk: Sie lassen sie für eine Weile wieder Kind sein und die Welt ganz frisch und neu und anders sehen. Vielleicht ist das ein Teil ihres Erfolgsgeheimnisses. Kritiker vergleichen sie mit Stan Laurel und Oliver Hardy, mit den Marx Brothers und mit Charlie Chaplin. Das ist sicher nicht falsch. Aber richtig ist es auch nicht. Denn man kann nicht sagen: *Ursus & Nadeschkin* sind so oder so. So sind sie nämlich nicht. Und so auch nicht. Sie sind … anders. Aber *wie* anders? Tja, das kann eben kein Text erklären. Man muss es hören, sehen, erleben, spüren … live, bei einem ihrer Auftritte!

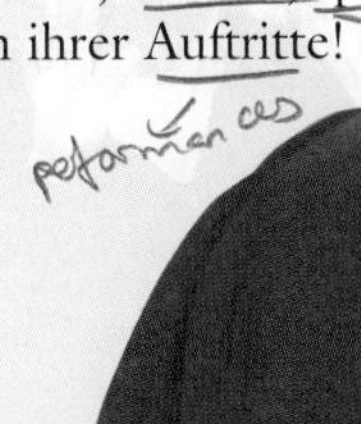

CD 1 | 20

3 Hören Sie den Ausschnitt *Die Fliege und das Faxgerät* aus einem Stück von Ursus & Nadeschkin.

Keine Sorge, wenn Sie kaum etwas verstehen. Die beiden sprechen Schweizerdeutsch! Welchen Eindruck haben Sie von den beiden? Notieren Sie drei bis fünf passende Adjektive.

lebhaft – sonderbar – …

4 Möchten Sie mehr über Ursus & Nadeschkin erfahren?

Recherchieren Sie im Internet und berichten Sie dann im Kurs darüber.

FOLGE 9: *COMPUTER SIND DOOF*

1 Was ist ein Druckertreiber? Kreuzen Sie an.

- [x] eine Software, die dafür sorgt, dass Computer und Drucker zusammen funktionieren
- [ ] ein spezielles Kabel, mit dem man den Computer und den Drucker verbindet

2 Ordnen Sie zu.

eine CD	einlegen
im Internet	installieren
Software	surfen
	downloaden

3 Sehen Sie die Fotos an. Was passiert im Homeservice? Was meinen Sie?

Ich glaube, Maja und Nasseer haben ein Problem mit dem Computer. Vielleicht haben sie keine Verbindung zum Internet.

Vielleicht macht Nasseer auf Bild sieben einen Witz.

Ich vermute, dass …

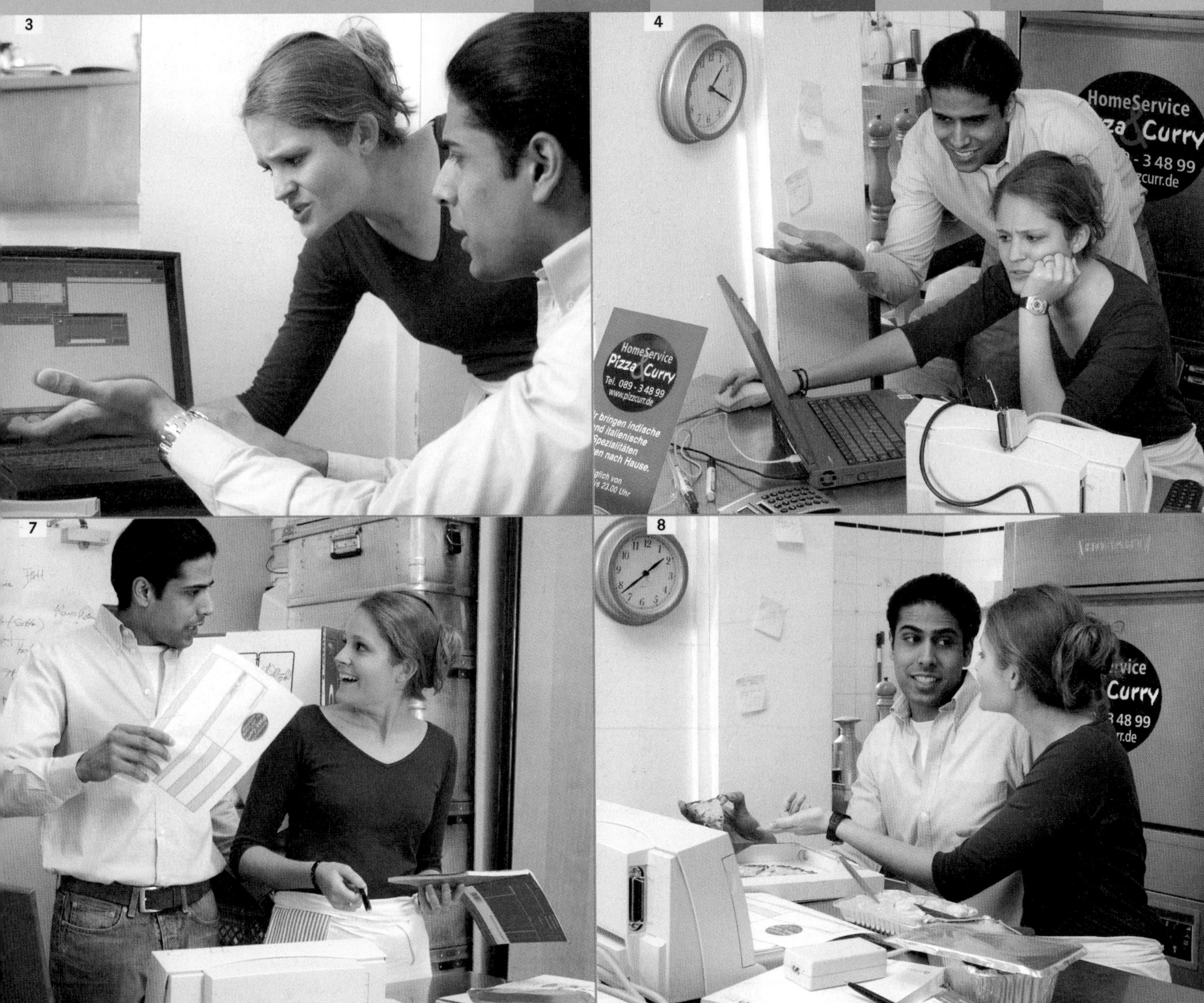

D1 21-28 **4** **Sehen Sie die Fotos an und hören Sie.**

D1 21-28 **5** **Schlechte Stimmung im Homeservice. Hören Sie noch einmal und beantworten Sie die Fragen.**

a Foto 1: Was funktioniert nicht?
b Foto 2: Worüber ärgert sich Nasseer?
c Fotos 3 und 4: Was möchte Maja machen? Klappt es?
d Fotos 5 und 6: Was macht Nasseer?
e Foto 6: Worüber ärgert sich Maja?
f Fotos 7 und 8: Wird das technische Problem gelöst?
Wie reagieren die beiden Kunden, Herr Baum und Frau Keller?
Was machen Maja und Nasseer am Ende?

6 **Technische Probleme. Kennen Sie das? Sie wollten etwas machen – doch dann funktionierte plötzlich das Gerät nicht mehr. Erzählen Sie.**

Ja, klar, als ich letzte Woche … wollte, da hat plötzlich …

9 A Rechnungen mit der Hand schreiben, **als ob** wir im Mittelalter **wären**!

A1 Was meint Nasseer? Kreuzen Sie an.

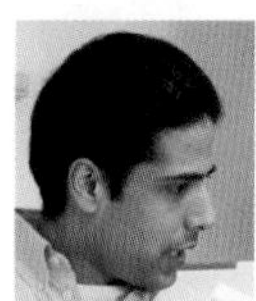

Rechnungen mit der Hand schreiben, als ob wir im Mittelalter wären!

- ☐ Wir sind im Mittelalter. Deshalb muss Maja die Rechnung mit der Hand schreiben.
- ☑ Wir sind nicht im Mittelalter. Maja schreibt die Rechnung mit der Hand, obwohl man sie auch am Computer schreiben könnte.

Maja schreibt Rechungen mit der Hand, als ob wir im Mittelalter wären.

A2 Ergänzen Sie.

a

Hm, ja …
du Arme …
ja, ja, da hast
du recht.

Jörg tut so, als ob *er zuhören würde.* (zuhören)

b

Tut mir leid, das geht nicht, ich habe gerade wahnsinnig viel zu tun!

Hanna tut so, … (gerade arbeiten)
als ob sie gerade arbeiten würde

c

Ja, ja, Susi, ich habe ihn repariert. Du weißt ja, ich bin Computerspezialist!

Max tut so, … (Computer reparieren können)
als ob er Computer reparieren könnte.

d

Wir wohnen in einem 5-Sterne-Hotel direkt am Meer, mit einem tollen Pool ...

Sonja … (viel Geld haben)
tut so, als ob sie viel Geld hätte.

CD 1 29

A3 Der Angeber!

a Lesen Sie Michaels „Steckbrief" und hören Sie dann das Gespräch. Ergänzen Sie.

		Aber im Gespräch tut er so, als ob …
Was ist Ihr Beruf?	*technischer Angestellter*	Topmanager
Ihr Familienstand?	*verheiratet, 2 Kinder*	ledig
Was machen Sie in Ihrer Freizeit?	*Fernsehen, Computer spielen*	Golf
Wo wohnen Sie?	*in einem Wohnblock*	Ein großes Haus mit Pool, 12 Zimmer
	im Zentrum von Hamburg	
Haben Sie ein Auto?	*nein, im Moment nicht*	ein Mercedes
Wohin führte Ihre letzte Reise?	*an die Nordsee*	Golfurlaub

b Sprechen Sie.

Er tut so,
Er sagt das so,
Es scheint so,
Es hört sich so an,
Es sieht so aus,
als ob ..., aber in Wirklichkeit ...

Michael tut so, als ob er Topmanager wäre. Aber in Wirklichkeit ist er technischer Angestellter.

A4 Erfinden Sie selbst „Als-ob-Leute" wie Michael.

Arbeiten Sie zu zweit: Schreiben Sie einen „Steckbrief" auf ein Plakat und spielen Sie dem Kurs ein kurzes Gespräch vor. Der Kurs beschreibt „Ihre" Person (wie in A3, b).

Während ich unterwegs bin, kann ich mich nicht um Majas Computer kümmern.

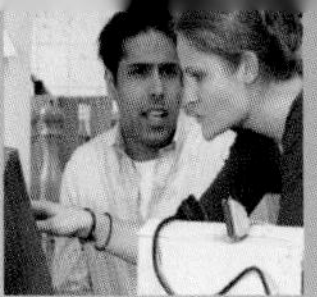

B1 Was könnte man auch sagen? Kreuzen Sie an.

a Während ich unterwegs bin, kann ich mich nicht um Majas Computer kümmern.

☐ Ich bin unterwegs. In dieser Zeit kann ich mich nicht um Majas Computer kümmern.
☐ Ich bin unterwegs. Danach kann ich mich nicht um Majas Computer kümmern.

b Kümmerst du dich um meinen Computer, bevor du wieder wegfährst?

☐ Kümmerst du dich erst um meinen Computer und fährst dann wieder weg?
☐ Fährst du erst weg und kümmerst dich danach um meinem Computer?

c Nachdem ich das Essen ausgefahren habe, kümmere ich mich um den Computer.

☐ Ich kümmere mich erst um Majas Computer. Danach fahre ich das Essen aus.
☐ Ich fahre erst das Essen aus. Danach kümmere ich mich um Majas Computer.

Während ich unterwegs bin, kann ich mich nicht um deinen Computer kümmern.
Bevor ich wieder wegfahre, kümmere ich mich um den Computer.
Nachdem ich das Essen ausgefahren habe, kümmere ich mich um den Computer.

B2 Mitteilungen am Arbeitsplatz. Ergänzen Sie *bevor – während – nachdem*.

A

Achtung!
Liebe Kolleginnen und Kollegen,
unser Faxgerät funktioniert nicht richtig.
Drücken Sie bitte keine Taste,
.... ein Fax gesendet wird.
Danke!

B

Liebe Frau Meier,
die nächsten beiden Wochen bin ich ja in Urlaub. Könnten Sie bitte abends den Kopierer ausschalten und den Mülleimer rausstellen, ... ich weg bin? Herzlichen Dank im Voraus!
H. Lerch

C

Liebe Kollegen, bitte spülen und trocknen Sie Ihr Geschirr selbst ab und achten Sie auch darauf, dass die Kaffeemaschine nicht mehr in Betrieb ist, ... Sie das Haus verlassen.
Ihre Kolleginnen, die sich ab sofort nicht mehr dafür verantwortlich fühlen wollen :-)

D

Lieber Herr Lutz,
.... Sie gestern das Haus verlassen hatten, rief Herr Nitsche an. Er bittet um Rückruf bis 11 Uhr. Danach ist er in einer Sitzung.

E

Lieber Herr Schmidt, würden Sie bitte die aktuellen Daten überprüfen und von der Geschäftsleitung genehmigen lassen, ... wir sie ins Netz stellen? Danke! ck

B3 Planspiel: Mitglied im Vorbereitungskomitee

Arbeiten Sie in Gruppen. Machen Sie eine Liste: Sammeln Sie weitere Aufgaben und planen und verteilen Sie sie. Wer macht was wann?

Betriebsausflug mit Mittagessen und Kulturprogramm

Recherche: Wohin?
Kollegen fragen: Wer kommt mit?
Transportmittel auswählen, Fahrkarten besorgen
Kosten ausrechnen
Info-Mail schreiben und versenden
Weitere Aufgaben: ...

Während ich ein gutes Restaurant suche, in das wir alle zusammen gehen könnten, könntest du ja schon mal ...

Ich glaube, vorher müssen wir aber noch ...

Lass mich das doch machen, ich ...

CD 1 30-33

C1 Bedienungsanleitungen

a Hören Sie und ordnen Sie zu.

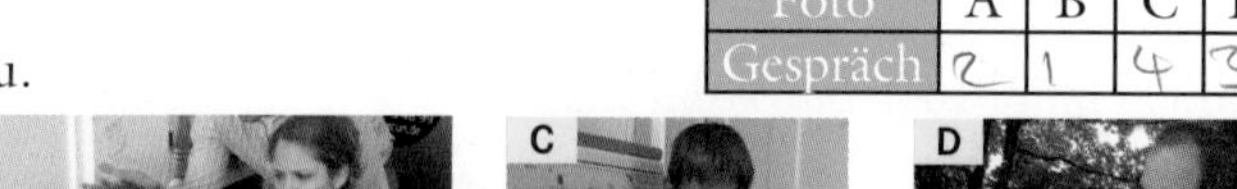

Foto	A	B	C	D
Gespräch	2	1	4	3

A

B

C

D

b Ordnen Sie die Gespräche den folgenden Situationen zu.
Hören Sie dann noch einmal und vergleichen Sie.

1. Jemand liest die Gebrauchsanweisung. Alles funktioniert wie beschrieben.
2. Jemand liest die Gebrauchsanweisung, versteht sie nicht und beschließt, das Problem allein zu lösen.
3. Jemand macht genau, was da steht. Trotzdem kommt immer wieder eine Fehlermeldung.
4. Jemand macht alles wie beschrieben. Es ist aber schwierig und dauert ziemlich lange.

C2 Gepäckaufbewahrung am Bahnhof

a Ergänzen Sie die Verben in der richtigen Form.

einwerfen • öffnen • schließen • drücken • drucken • stellen • entnehmen • stecken

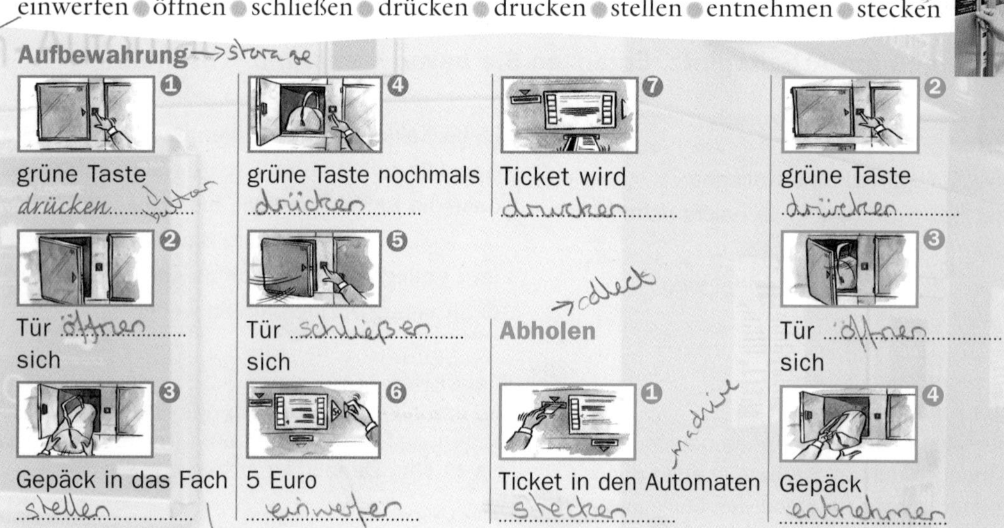

b Rollenspiel: Bitten Sie um Hilfe.

A Sie sind am Bahnhof und möchten Ihr Gepäck im Schließfach aufbewahren. Sie wissen nicht, wie das funktioniert.

B Erklären Sie Ihrer Partnerin / Ihrem Partner, was sie/er tun muss.

um Hilfe bitten
Entschuldigung, ich bin zum ersten Mal hier.
Könnten Sie mir vielleicht sagen, wie das hier funktioniert?
Und was muss ich dann machen?

etwas erklären
Kein Problem, gern.
Sehen Sie, zuerst müssen Sie hier …
Dann öffnet sich …
Danach …
Und dann …
Zuletzt müssen Sie …

C3 Wie funktioniert das?

Erklären Sie Ihrer Partnerin / Ihrem Partner, wie eins der folgenden Geräte funktioniert:

- Handy: Wie schreibt man eine SMS?
- MP3-Player: Wie wählt man ein neues Lied aus?
- CD-Player: Wie findet man ein bestimmtes Stück?

Wenn du hier drückst, geht das Handy an.
Es erscheint ein Menü …

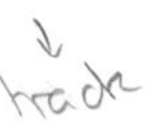

D1 Internet-Forum

Überfliegen Sie die Texte. Welcher Link führt zu welchem Text? Ordnen Sie zu.

Habenichts durchs Internet 2378 **internetsüchtig 5412**

A

Hilfe!!! Mein Mann sitzt die halbe Nacht am Computer, tippt E-Mails oder unterhält sich in irgendwelchen Chat-Rooms mit wildfremden Menschen. Die Kinder und mich schließt er völlig aus seinem Leben aus: Wenn er von der Arbeit nach Hause kommt, isst er nur schnell was und verschwindet dann gleich im Keller, wo er seinen PC eingerichtet hat – zu uns kommt er höchstens noch hoch, wenn ihm der Computer abgestürzt ist. Dass sich unsere Beziehung immer weiter verschlechtert, ist ihm wohl ganz egal.

Einsame Computer-Witwe

Liebe Computer-Witwe,
ich kann Dich gut verstehen. Ich bin

B

Liebe Eltern,

ich bin vollkommen ratlos. Meine Tochter hat angefangen, ihr gesamtes Eigentum, sozusagen ihr ganzes Leben – also wirklich alles, was sie hat –, übers Internet zu versteigern. Zum Startpreis von nur 1 Euro verkauft sie ihre Möbel, ihre Haushaltsgeräte, ihre Bücher und CDs und sogar ihre privaten Erinnerungen wie Fotos und Briefe. Ich dachte, für so was gibt es keine Nachfrage, aber die Leute kaufen wirklich alles – sogar abgelaufene Lebensmittel.
Ist das normal?

Jan

Lieber Jan,

D2 Wählen Sie einen der beiden Texte aus. Lesen Sie ihn noch einmal und beschreiben Sie die Situation der Person in einem Satz.

D3 Im Forum: Ihr Kommentar – 1. Runde. Antworten Sie auf „Ihren" Text.

Liebe/r …,
Dein Problem …

Verständnis zeigen
Mir geht es (manchmal) genauso.
Das Gefühl/Problem kenne ich gut.
Ich wüsste auch gern …

einen Rat geben
Ehrlich gesagt, das würde ich …
Lass Dir das nicht gefallen!
Tatsache ist doch …
Daher solltest Du …

erstaunt/kritisch reagieren
Wie kann man so etwas ins Internet schreiben!
Ehrlich gesagt hat man den Eindruck, dass / als ob …
Keine Ahnung, wieso Sie/Dich das so aufregt.
Das gibt es doch gar nicht!
So ein Verhalten ist doch ausgeschlossen!
Das finde ich unmöglich.

D4 Im Forum: Ihr Kommentar – 2. Runde. Sie bekommen den Kommentar Ihrer rechten Nachbarin / Ihres rechten Nachbarn.

Lesen Sie noch einmal den Text im Forum und den Kommentar Ihrer Nachbarin / Ihres Nachbarn. Schreiben Sie dann eine Antwort auf das, was Ihre Nachbarin / Ihr Nachbar geschrieben hat.

Liebe/r …
grundsätzlich würde ich Dir ja zustimmen, aber …

Ich sehe das auch so wie Du / wie …
Grundsätzlich würde ich Dir ja zustimmen, aber …
Ich denke, so kann man das nicht sehen.
Ich glaube (nicht), dass …
Ich persönlich finde …
Mir ist es wichtig, dass …

D5 Lebendiges Forum

Bilden Sie zwei Gruppen, eine für jeden Forum-Text. Stellen Sie gemeinsam alle Kommentare und Antworten zusammen. Lesen Sie sie durch. Welchen Beitrag finden Sie besonders interessant?

E1 **Welche Wörter fallen Ihnen zum Thema „Computer" ein? Ergänzen Sie.**

Taste – Tastatur – Computer – Datei – senden / speichern
Computer – Laufwerk

E2 **Familie mit Anschluss**

a Lesen Sie die ersten zwei Abschnitte. Wer erzählt die Geschichte?

Familie mit Anschluss
Drei-Minuten-Geschichten aus dem Haushalt der Familie Obermeier
TAVerlag

Geschichte 10 Reif für den Wertstoffhof

„Ich schmeiß' nur eben schnell die Kiste an", sagt der Mann und drückt mit seinem Finger auf meinen Power-Knopf. Viel zu fest natürlich; fast bleibt der Knopf im Gehäuse stecken. Wie immer eben. Dann klickt er sich durch ein paar Dateien. „Wo ist meine Datei von gestern? Wer hat sie gelöscht?!", brüllt er plötzlich. „Beruhige dich. Niemand." Das ist die Stimme der Frau. „Dann liegt es an dieser Kiste! Es wird langsam Zeit, dass wir uns einen neuen Computer anschaffen."

Also, das mit der „Kiste" ist ja eigentlich eine Frechheit – aber daran habe ich mich schon fast gewöhnt in den drei Jahren, die ich bisher in diesem Haus verbracht habe. Jedoch dieses dauernde Theater mit den Dateien: Daran kann ich mich nun wirklich absolut nicht gewöhnen.

Jeden Nachmittag das Gleiche: Die Frau schläft, der Mann ist weg und das kleine Mädchen kommt leise ins Zimmer, schaltet mich ein und drückt dann mit seinen schmutzigen kleinen Fingern auf meinen Tasten herum. Das Einzige, was dieses kleine Monster lesen kann, ist „o.k.". „Hurra – okay", ruft sie und klickt. Auch wenn mein Bildschirm zur Sicherheit noch mal fragt: **Wollen Sie die Datei wirklich löschen?** – nichts da: ein Hurra, ein Klick mit der Maus und die Datei ist weg. – Was soll ich machen? Ich kann nichts dagegen tun – die Datei wird gelöscht, für immer und ewig.

Und die Frau? Die Frau will immer E-Mails versenden. Also schreibt sie ganze Romane an ihre Freundinnen, fügt jede Menge Fotos von dem kleinen Monster ein und klickt dann auf **Senden**. Klar, dass das Fehler verursacht, bei diesen Datenmengen in einer einzigen E-Mail! Ich muss ihr sagen: **Fehler – Die Datei konnte nicht gesendet werden**. Und was tut sie dann? Sie klopft sanft auf mein Gehäuse und sagt: „Du wirst langsam alt, mein Lieber." Alt! Wie das klingt! Als ob's an meinem Alter liegen würde! Ist doch klar, dass ich da nervös werde und mein Bildschirm flimmert und flackert, oder?

Aber am schlimmsten, am allerschlimmsten ist der ganz alte Mann. Der hat von Computertechnik wirklich keine Ahnung! Dauernd lädt er vom Internet irgendwelche Programme runter, verwechselt die Tasten oder installiert Programme von irgendwelchen CD-ROMs. Irgendwann entsteht dann auf meiner Festplatte so ein Chaos, dass ich überhaupt nicht mehr rechnen und nur noch mit letzter Kraft Alarm geben und **Fataler Fehler** auf meinen Bildschirm schreiben kann. Dadurch erschrickt der alte Mann aber so, dass er nur noch ganz schnell den Stecker aus der Steckdose zieht. Und das ist dann für mich ein Schock! Aber hallo!

All das geschieht Tag für Tag, immer wieder. Das kann man doch wirklich nicht aushalten, oder? Meine Tage sind gezählt, das ist ganz sicher, und schon bald werde ich mich auf meinen letzten Weg machen müssen: zum Wertstoffhof. Kunststoff-Recycling heißt meine Endstation – und irgendwann halten Sie dann mein Gehäuse in der Hand – als Einkaufstüte oder als Kleiderbügel ...

b Lesen Sie nun den ganzen Text. Was machen die vier Personen? Unterstreichen Sie im Text in jeweils einer Farbe. Ergänzen Sie dann die Tabelle.

der Mann	das Mädchen	die Frau	der alte Mann
drückt viel zu fest auf den Knopf			

E3 **Suchen Sie im Text Wörter zum Wortfeld „Computer" und ergänzen Sie sie in E1.**

Grammatik

1 Konjunktion: ***als ob***

	Konjunktion	Ende: Konjunktiv II
Michael ist Techniker, aber er tut so,	**als ob** er Topmanager	**wäre.**

ÜG, 5.18

2 Konjunktion: ***während***

	Konjunktion	Ende
Ich kann mich nicht um Majas Computer kümmern,	**während** ich unterwegs	**bin.**

ÜG, 10.08

3 Konjunktion: ***nachdem***

	Konjunktion	Ende
Ich kümmere mich um den Computer,	**nachdem** ich das Essen	**ausgefahren habe.**

ÜG, 10.08

4 Konjunktion: ***bevor***

	Konjunktion	Ende
Ich kümmere mich um den Computer,	**bevor** ich wieder	**wegfahre.**

ÜG, 10.08

Wichtige Wendungen

um Hilfe bitten

Entschuldigung, ich bin zum ersten Mal hier. • Könnten Sie mir vielleicht sagen, wie das hier funktioniert? • Und was muss ich dann machen?

etwas erklären

Kein Problem, gern. • Sehen Sie, zuerst müssen Sie hier … • Dann öffnet sich … • Danach … • Und dann … • Zuletzt müssen Sie …

Verständnis zeigen

Mir geht es (manchmal) genauso. • Das Gefühl/Problem kenne ich gut. • Ich wüsste auch gern …

einen Rat geben

Ehrlich gesagt, das würde ich … • Lass dir das nicht gefallen! • Tatsache ist doch … • Daher solltest du …

erstaunt / kritisch reagieren

Wie kann man so etwas (ins Internet) schreiben! • Ehrlich gesagt hat man den Eindruck, dass/als ob … • Keine Ahnung, wieso Sie/dich das so aufregt. • Das gibt es doch gar nicht! • So ein Verhalten ist doch ausgeschlossen! • Das finde ich unmöglich.

etwas kommentieren

Ich sehe das auch so wie du / wie … • Grundsätzlich würde ich dir ja zustimmen, aber … • Ich denke, so kann man das nicht sehen. • Ich glaube (nicht), dass … • Ich persönlich finde … • Mir ist es wichtig, dass …

etwas planen

Während ich …, könntest du schon mal … • Vorher müssen wir aber noch … • Lass mich das machen, ich …

9 Jetzt geht's ganz nach oben ...

Hey, die guckt ja irgendwie, als ob sie kompliziert wäre.

Nee, nee, die sieht so aus, als ob sie wirklich nett wäre.

Komm, tu doch nicht so zickig, als ob du schon zu viel hättest!

Du siehst aber aus, als ob dir das ganz recht wäre!

Hey! Was denkst du, während wir hier rumstehen?

1 **Sehen Sie nur das Foto an. Lesen Sie den Liedtext noch nicht. Was meinen Sie: Was denken die beiden?**

Machen Sie eine „ER-Gruppe" und eine „SIE-Gruppe" und notieren Sie: Was denkt ER? Was denkt SIE?

Er	SIE
	der sieht ja nett aus

CD 1 34 **2** **Hören Sie das Lied und lesen Sie den Text. Vergleichen Sie mit Ihren Vermutungen.**

Sieht der mich so an, als ob er interessiert wäre?

Ogottogott! Ich fühle mich, als ob ich viel zu fett wäre!

Guck mich bloß nicht an, als ob du leichtes Spiel hättest!

Oh, der kann ja lachen, als ob er ganz schön frech wäre!

Hey! Was denkst du, während wir uns ansehen?

3 **Dichten Sie das Lied um und schreiben Sie andere Liedzeilen.**

Sieht der mich so an, als ob ... ?
Hey, die guckt ja irgendwie, als ...
Ogottogott, ich fühle mich, ...
Nee, nee, die sieht so aus, ...
Was denkt er, während ...
Was denkt ...

1 34 **4** **Hören Sie das Lied noch einmal und singen Sie den Refrain mit.**

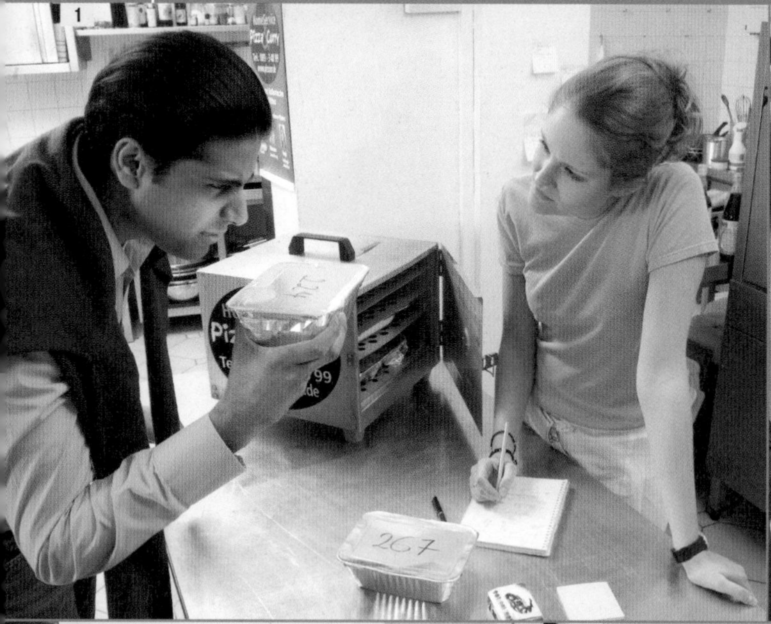

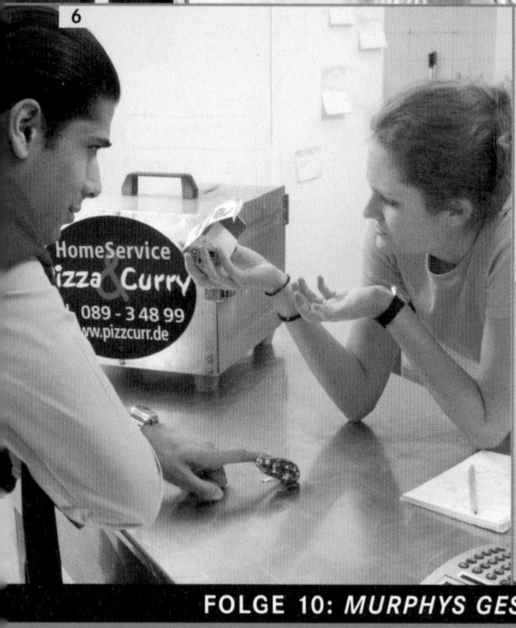

FOLGE 10: *MURPHYS GESETZ*

1 **Was ist das? Wissen Sie vielleicht, wie das funktioniert? Erklären Sie.**

Ich weiß nicht, was das ist.

Es sieht so aus, als ob …

Wenn man …, dann …

Keine Ahnung! Vielleicht …

2 **Was bedeutet: „etwas geht schief“? Kreuzen Sie an.**

☐ Eine Person geht nicht gerade. ☐ Etwas klappt nicht.

3 **Sehen Sie die Fotos 1–5 an. Was passiert? Was meinen Sie?**

4 **Sehen Sie die Fotos an und hören Sie.**

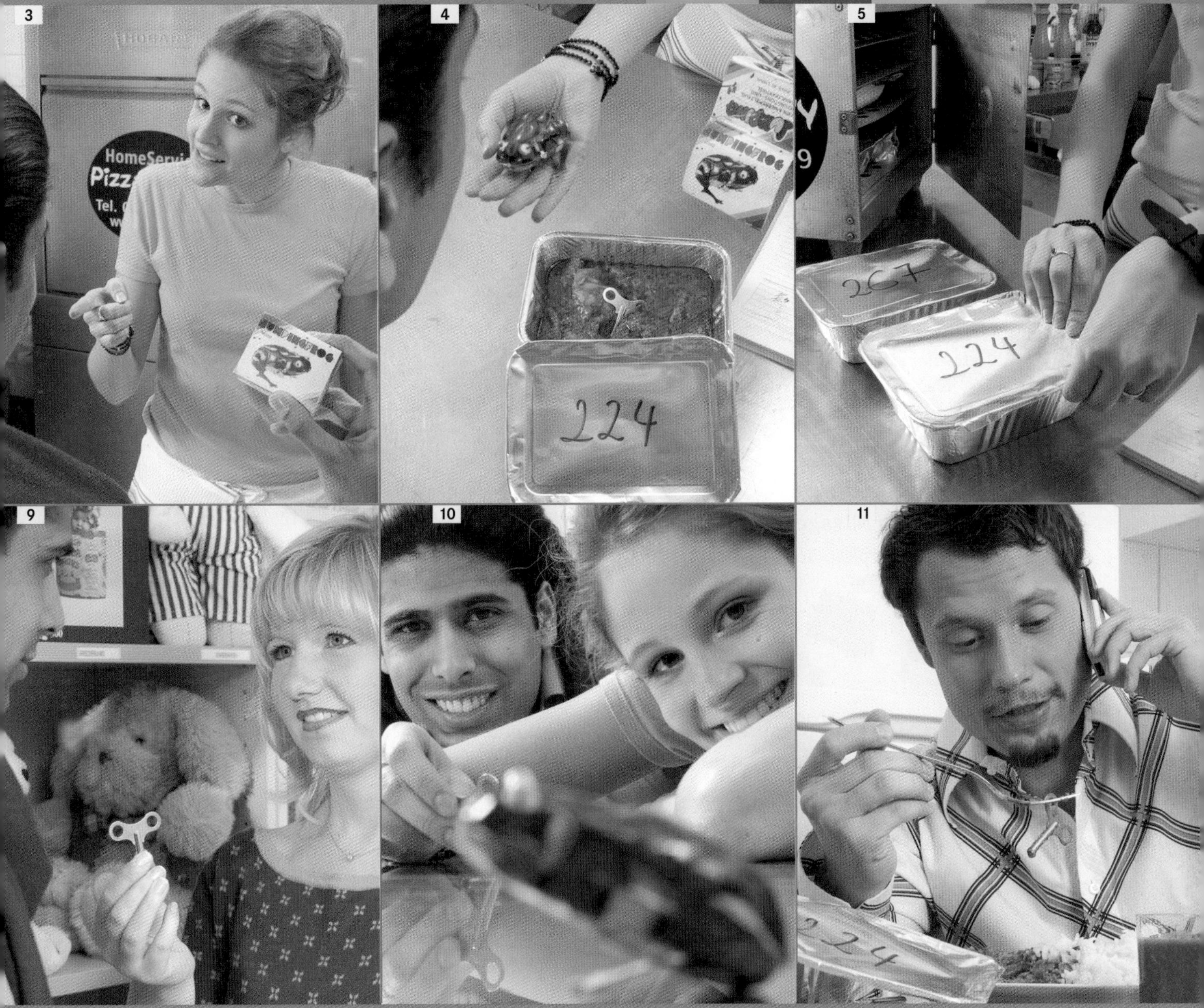

5 **Was ist Maja passiert? Wie reagiert sie? Ergänzen Sie die Stichworte und erzählen Sie.**

Essen
Blechfrosch mit Aufziehschlüssel
Anruf im Spielwarengeschäft
Anruf des Kunden

6 **Kennen Sie diese Sprichwörter/Redewendungen für die kleinen Pannen und Missgeschicke im Alltag? Gibt es so ähnliche auch in Ihrer Sprache?**

Ein Unglück kommt selten allein. • Aller guten Dinge sind drei. • Heute ist Freitag, der 13. • So ein Pech aber auch. • Das ist nicht mein Tag!

7 **Welche Pannen oder Missgeschicke sind Ihnen schon passiert? Erzählen Sie.**

Ich bin kürzlich mit verschiedenfarbigen Strümpfen zur Arbeit gegangen. Aber alle Kollegen haben gelächelt, als sie mich gesehen haben, und erzählt …

Alles, was schiefgehen kann, geht irgendwann schief.

A1 „Murphys Gesetze“: Lesen Sie den Infotext und die „Gesetze“. Ordnen Sie zu.

A 
B 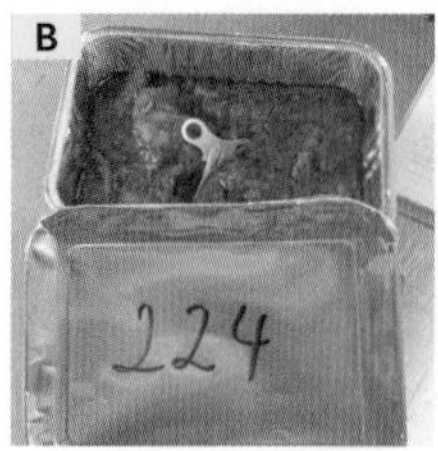

C 

Murphys Gesetze (engl. Murphy's Laws) beziehen sich auf die kleinen Pannen und Missgeschicke in unserem Alltag. „Entdeckt“ hat sie der amerikanische Ingenieur Edward E. Murphy.

1 Alles, was schiefgehen kann, geht irgendwann schief.
2 Die andere Schlange kommt stets schneller voran.
3 Das, was du suchst, findest du gewöhnlich immer dort, wo du zuletzt nachschaust.

Foto	A	B	C
Gesetz			

Alles, was schiefgehen kann, …
auch so: … nichts/etwas/das, was …
… dort, wo du … nachschaust.
auch so: da / überall / die Stadt / der Ort, wo …

CD 1 46-50 A2 Pannen und Missgeschicke

a Hören Sie die Gespräche und ordnen Sie zu.

A 
B 
C 
D 
E 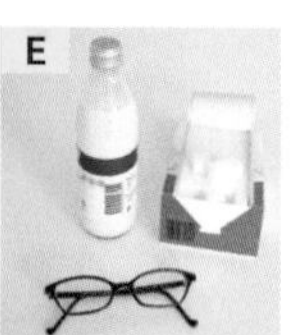

Gespräch	1	2	3	4	5
Foto					

b Ergänzen Sie wie im Beispiel. Hören Sie noch einmal und vergleichen Sie.

überall • alles • dort • nichts • etwas • das Dorf • etwas • ~~da~~ • ~~wo~~ • was • wo • was • was • wo • was • wo

1 Ich find' meinen Schlüssel nicht. Lach nicht! Sag mir lieber, wo ich suchen soll! – Na, am besten *da*..........., *wo*........... du ihn immer hinlegst.

2 Ich hab' noch Milch mitgenommen. Sag mal, gibt's sonst noch .... , ... wir brauchen? An der anderen Kasse wären wir jetzt dran. – Dass wir uns ausgerechnet .... anstellen, ... es am langsamsten geht.

3 Ist das .... , ... dir dazu einfällt? – Tut mir leid, Birgit, aber heute ist echt nicht mein Tag. Es gibt .... , ... ich richtig mache. Ich bin schon total durcheinander.

4 Siehst du die Kirche und die kleinen Häuser? Das ist .... , ... wir die Brotzeit gekauft haben.

5 Also da ist .... , ... ich nicht verstehe! … Zuerst find' ich die Margarine nicht … dann das Mehl und jetzt ist auch noch meine Brille weg! – Tja-ha, es ist .... , ... ich hinkomme, das gleiche Problem: Wir werden alle nicht jünger.

A3 Lesen Sie „Murphys Gesetze“ (auch die in A1). Sind Sie schon einmal in eine Situation geraten, die genau zu einem dieser Gesetze passt?

Alles, was du in Ordnung zu bringen versuchst, wird länger dauern und dich mehr kosten, als du dachtest.
Geräte, die versagt haben, funktionieren einwandfrei, sobald der Kundendienst da ist.

> Also, das Gesetz mit den Geräten, die wieder funktionieren, wenn der Kundendienst kommt, das habe ich auch schon erlebt. Vorige Woche war mein Monitor kaputt …

> Mir geht das auch immer so im Supermarkt. Dort, wo ich mich anstelle, da …

> Mir gefällt am besten das Gesetz: … Das passiert mir ständig.

B1 Die Welt des Blechspielzeugs

a Ordnen Sie zu.

A

B 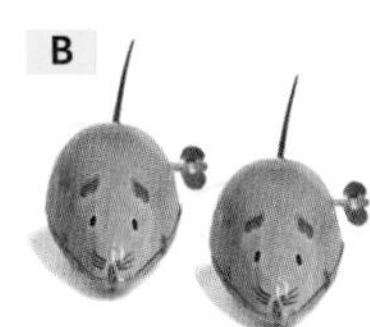

C 

D 

- ☐ der hüpfende Frosch
- ☐ die klingelnde Feuerwehr
- ☐ das fahrende Flugzeug
- ☐ die tanzenden Mäuse

b Lesen Sie das Beispiel. Fragen Sie dann nach den Gegenständen aus a und antworten Sie.

ein hüpfender Frosch ● eine klingelnde Feuerwehr ● ein fahrendes Flugzeug ● tanzende Mäuse

Was ist ein hüpfender Frosch?

Das ist ein Frosch, der hüpft.

ein Frosch, der hüpft – ein hüpfend**er** Frosch
Mäuse, die tanzen – tanzend**e** Mäuse

B2 Verrückte Welt der Produkte

A 

B 

C 

a Was können diese speziellen Produkte, was ähnliche Produkte nicht können? Was meinen Sie? Sprechen Sie.

b Lesen Sie und ordnen Sie zu. Ergänzen Sie dann in der richtigen Form.

Bild	A	B	C
Text			

1 Unglaublich, was der alles kann: unser kleiner .... (sprechen) Teddybär! Sie gehen aus, und solange Sie weg sind, sitzt er ganz still bei Ihren Kindern am Bett. In seinem beweglichen Kopf befindet sich eine kleine Kamera. Sie sendet Bilder von Ihren Kindern auf Ihr Handy. In seinem Ohr ist ein kleiner Knopf – ein Mikrofon –, in seinem Mund ein Lautsprecher. So können Sie sogar mit Ihren Kindern sprechen.

2 Probleme mit der Rechtschreibung oder mit Mathematik? Schluss damit! Nun gibt es ihn: den .... (rechnen) und immer „richtig" .... (schreiben) Computer in Form eines kleinen Spezial-Stiftes! Rechtschreibung und Mathematik sind damit kein Problem mehr. Probier's aus! Es lohnt sich!

3 **Langeweile beim Zähneputzen? Das ist nun vorbei. Ganz neu auf dem Markt: die .... (singen) Zahnbürste, die den 60er-Jahre-Hit „Rote Lippen soll man küssen" durch den Kieferknochen ins Innere des Ohrs transportiert. Summen Sie einfach mit!**

c Lesen Sie noch einmal und kreuzen Sie an: richtig oder falsch?

		richtig	falsch
1	Der Teddybär spricht auf das Handy der Eltern.	☐	☐
2	Dieser Stift ist ein Computer, der rechnen und schreiben kann.	☐	☐
3	Die Zahnbürste kann verschiedene Lieder der 60er-Jahre singen.	☐	☐

B3 Markt der ungewöhnlichen Produkte

A 

B 

C 

a Wie würden Sie diese Produkte nennen?

kochen ● sprechen ● singen ● fliegen ● wachsen ● schrumpfen ● …

b Wählen Sie eins der Produkte aus oder erfinden Sie ein neues Produkt. Machen Sie Notizen.

Kochender Kühlschrank:
Kennt alle Rezepte der Welt, bestellt selbstständig alles, was er braucht, im Online-Supermarkt; das Essen gelingt immer

c Arbeiten Sie in Gruppen. Stellen Sie Ihre Produkte vor.

Ich hab aber keinen Schlüssel gefunden, **weder** am Frosch **noch** in der Verpackung.

CD 1 51 | C1

Ordnen Sie zu. Hören Sie und vergleichen Sie.

a	Ich hab' aber keinen Schlüssel gefunden, weder am Frosch	noch heute Nachmittag persönlich vorbeikommen.
b	Nein, nein sowohl die Lieferzeit	als auch den Schlüssel ins Lammcurry fallen lassen.
c	Was mache ich nur? Ich kann weder heute Vormittag	noch in der Verpackung. Das ist wirklich sehr ärgerlich.
d	Heute ist nicht mein Tag. Ich habe sowohl die Deckel vertauscht	als auch der Geschmack sind völlig in Ordnung.

… **weder** am Frosch … **noch** in der Verpackung … **sowohl** die Lieferzeit … **als auch** der Geschmack

CD 1 52-55 | C2

Kundenwünsche

a Hören Sie und ordnen Sie zu.

A B

C

D

b Ergänzen Sie: *weder … noch …, sowohl … als auch …*
Hören Sie dann noch einmal und vergleichen Sie.

Bild	A	B	C	D
Gespräch				

1 ▲ Tja, ich musste aber leider feststellen, dass .... das linke Vorderlicht .... das rechte Blinklicht funktioniert. Und der Abgastest wurde auch nicht gemacht.
● Oh! Das wundert mich jetzt aber.

2 ■ Kein Problem! Die Rechnung haben Sie ja noch, oder?
● Nein, das ist ja das Dumme: Wir haben .... das Preisschild .... die Rechnung weggeworfen.

3 ▲ Ich habe heute in der Zeitung Ihre Reklame „Rund ums Campen“ gesehen. .... das Iglu-Zelt .... dieser Camping-Kocher würden mich interessieren. Aber ich kann .... das eine .... das andere finden.

4 ● Hotel Sonnenhof, Rezeption. Sie wünschen?
▲ Ja, hallo, hier ist Müller, Zimmer 104. Es gibt ein kleines Problem: Wir können hier .... die Tür zum Balkon .... die Fenster öffnen.

C3

Wer sagt das? Machen Sie eine Tabelle und ordnen Sie zu.

Dazu möchte ich aber noch anmerken, dass … ● Ich musste nun leider feststellen, dass … ● Ich kann verstehen, dass Sie enttäuscht/verärgert sind. ● Das geht doch nicht. ● Selbstverständlich … ● Ich bin wirklich sehr verärgert/enttäuscht. ● Da sehe ich leider nur eine Möglichkeit, nämlich … ● Es war abgemacht, dass … ● Das wundert/überrascht mich. ● Das Hauptproblem war, … ● Das kann man doch nicht machen. ● Also, ich muss sagen, das hat mich schon etwas enttäuscht. ● Ach, wirklich? Das ist wirklich sehr ärgerlich. ● Ich werde mich sofort persönlich darum kümmern.

Kundin / Kunde	Angestellte / Angestellter

C4 Rollenspiel: Sich beschweren

a Lesen Sie die Situationen und wählen Sie eine aus.

1
Sie haben in einer Buchhandlung das Taschenbuch „Leichte Wanderungen im Schwarzwald" gekauft. Die Buchhändlerin hat es Ihnen sehr empfohlen. Es war auch nicht billig. Bei der ersten Wanderung haben Sie festgestellt, dass viele Einzelheiten in dem Buch nicht stimmen: Die Wegbeschreibung war ungenau, die Entfernungen waren nicht richtig angegeben, die Strecke war viel zu lang, die Wege zu steil und die Gaststätte hatte Ruhetag.

2
Sie haben sich bei einem Fahrradverleih ein Fahrrad ausgeliehen. Auf der Fahrradtour haben Sie dann aber bemerkt, dass das Rad in einem sehr schlechten Zustand war: Der Luftdruck in den Reifen stimmte nicht und die Bremsen und die Gangschaltung funktionierten nicht richtig.
Es schien Ihnen fast lebensgefährlich, mit dem Rad zu fahren, deshalb haben Sie das Rad geschoben.

3
Sie haben an einem Chinesischkurs teilgenommen. Sie hatten zwar Zweifel, aber der Anbieter hat Ihnen versichert, dass Sie mithilfe ganz neuer und ungewöhnlicher Methoden – zum Beispiel das Lehrbuch unter das Kopfkissen legen, Vokabeln im Schlaf lernen usw. – so rasche Fortschritte machen, dass Sie in vier Wochen fließend Chinesisch sprechen können. Der Kurs hat aber leider keinerlei Wirkung gezeigt.

4
Sie haben mit Ihrem neuen Freund / Ihrer neuen Freundin ein romantisches Wochenende in einem Hotel gebucht. Sie sind nun sehr enttäuscht, weil Ihre Erwartungen nicht erfüllt sind. Das Essen war teuer, aber nicht gut, die Live-Musik im Restaurant war zu laut, die Bedienung war extrem unhöflich und die Betten waren viel zu unbequem. Sie verlangen einen Teil des Geldes zurück.

b Spielen Sie.

A Kundin / Kunde	**B Angestellte / Angestellter**
Gruß. – Sie stellen Ihr Problem ganz kurz vor und beschweren sich. Sie sind verärgert / überrascht.	Gruß. – Sie zeigen Ihr Erstaunen *oder* Ihr Verständnis für das Problem.
Sie beschreiben Ihr Problem genauer und betonen, was Ihnen versprochen wurde / erklären genau, was nicht funktioniert hat.	Sie zeigen immer wieder Verständnis. Sie schlagen der Kundin / dem Kunden etwas vor.
Sie weisen diese Vorschläge zurück und schlagen etwas anderes vor.	Sie gehen auf den Vorschlag der Kundin / des Kunden ein *oder* Sie bedauern, dass Sie in diesem Fall nichts tun können.
Sie zeigen sich einverstanden mit dem Vorschlag und bedanken sich *oder* Sie lehnen den Vorschlag ab und sind richtig verärgert. – Gruß	Sie bedanken sich ebenfalls *oder* Sie sagen noch einmal, dass Sie in diesem Fall leider nichts tun können. – Gruß

D1 Frauen in der Werbung: Wie wirken diese Frauen auf Sie? Sprechen Sie.

A

B

C

D

jung • frech • schön • fröhlich • ehrlich • witzig • glücklich • lebendig • attraktiv • elegant • sportlich • stark • mutig • sanft • künstlich • intelligent • erfolgreich • gesund • selbstbewusst • verführerisch • jugendlich • …

CD 1 56

D2 Radiosendung: Die Frau in der Werbung

a Wie wird die Frau in der Werbung dargestellt? Wie hat sich die Darstellung in den letzten Jahrzehnten verändert? Was meinen Sie? Ordnen Sie zu.

1 Die Frau wird immer noch als Hausfrau dargestellt, aber sie wirkt jugendlicher und sportlicher.

2 Die Frau erscheint seltener als Hausfrau. Sie ist nun berufstätig.

3 Die dargestellten Frauen sind meist Karrierefrauen. Mann und Frau scheinen gleichberechtigt zu sein.

4 Man findet in der Werbung oft erotische und verführerische Frauen.

5 Die Werbung zeigt die Frau nur als Hausfrau.

In den 50er- Jahren
In den 70er-Jahren
Seit den 80er-Jahren
Seit den 90er-Jahren
In allen Jahrzehnten

b Hören Sie das Radiointerview und vergleichen Sie mit Ihren Vermutungen in a.

c Für welche Produkte wurde und wird häufig mit Frauen geworben? Hören Sie noch einmal und kreuzen Sie an.

- ☐ Haushaltsgeräte
- ☐ Kleidung
- ☐ Autos
- ☐ Waschmittel
- ☐ Alkoholische Getränke
- ☐ Zeitschriften
- ☐ Möbel
- ☐ Medikamente
- ☐ Kaffee
- ☐ Kosmetika

D3 Kursgespräch: Ihr Urteil

- Welche Werbung mit Frauen und/oder auch Männern finden Sie witzig und gut gemacht?
- Welche Werbung gefällt Ihnen nicht? Warum? Erzählen Sie.

Vorhin habe ich im Radio eine witzige Werbung gehört: Sie spielt in einem Altenheim und eine ältere Dame …

1 Relativpronomen *was* und *wo* und Relativsatz

Ist das	**alles,**	was	dir dazu einfällt?
Es gibt	**nichts,**		ich richtig mache.
Also, das ist	**etwas,**		ich nicht verstehe.
Ist es	**das,**		du suchst?
Wir stellen uns	**dort** an,	wo	es am schnellsten geht.
Such doch	**da,**		du ihn immer hinlegst.
Es ist	**überall,**		ich hinkomme, das gleiche Problem.
Das ist	**das Dorf,**		wir die Brotzeit gekauft haben.

→ ÜG, 10.14

2 Partizip Präsens als Adjektiv

	Partizip Präsens			
maskulin	der	**hüpfende**	Frosch	(Das ist ein Frosch, der hüpft.)
	ein	**hüpfender**	Frosch	
neutral	das	**fahrende**	Flugzeug	(Das ist ein Flugzeug, das fährt.)
	ein	**fahrendes**	Flugzeug	
feminin	die	**klingelnde**	Feuerwehr	(Das ist eine Feuerwehr, die klingelt.)
	eine	**klingelnde**	Feuerwehr	
Plural	die	**tanzenden**	Mäuse	(Das sind Mäuse, die tanzen.)
	–	**tanzende**	Mäuse	

→ ÜG, 4.05

3 Zweiteilige Konjunktion: *weder ... noch*

Ich habe **weder** am Frosch **noch** in der Verpackung einen Schlüssel gefunden.

(Der Schlüssel war *nicht* am Frosch.) (Der Schlüssel war *auch nicht* in der Verpackung.)

→ ÜG, 10.13

4 Zweiteilige Konjunktion: *sowohl ... als auch*

Ich war **sowohl** mit der Lieferzeit **als auch** mit dem Geschmack zufrieden.

(Ich war mit der Lieferzeit zufrieden.) (Ich war *auch* mit dem Geschmack zufrieden.)

→ ÜG, 10.13

Wichtige Wendungen

enttäuscht / überrascht sein

Ich bin wirklich sehr verärgert/enttäuscht. • Das wundert/überrascht mich. • Also, ich muss sagen, das hat mich schon etwas enttäuscht.

sich beschweren

Das geht doch nicht. • Das kann man doch nicht machen.

ein Problem genauer beschreiben

Ich musste nun leider feststellen, dass ... • Dazu möchte ich aber noch anmerken, dass ... • Es war abgemacht, dass ... • Das Hauptproblem war, ...

mit Verständnis auf den Kunden reagieren

Ich kann verstehen, dass Sie verärgert/enttäuscht sind. • Selbstverständlich ... • Ach, wirklich? Das ist wirklich sehr ärgerlich. • Da sehe ich leider nur eine Möglichkeit, nämlich ... • Ich werde mich sofort persönlich darum kümmern.

Das Beste aus meinem Leben

Tag für Tag die gleichen Kämpfe mit Luis: Ob er dieses Mal das Zähneputzen auslassen darf. Ob es nicht reicht, dass er sich gestern die Zähne besonders sorgfältig geputzt hat. ... Was ist nur am Zähneputzen so schlimm ...? Paola hat dann neulich eine sprechende Zahnbürste gekauft, sehr schön, mit neongelber Bürste und einer kleinen sommersprossigen Figur am Griff. Wenn Luis sich damit die Zähne zu putzen begann, sagte die Zahnbürste mit roboterhafter Stimme: „Weitermachen!“ Sie redete, bis drei Minuten vorbei waren.

Das funktionierte gut. Seltsamerweise halten sich Kinder an die Befehle von Maschinen eher als an die ihrer Eltern. Aber nun ist die Zahnbürste weg. Das kam so.

Eines Nachts wachte ich auf, weil ich eine leise Stimme hörte. Ich dachte, Luis wäre wach geworden, stand auf, sah nach ihm, aber er schlief. ... „Hat Paola den Fernseher vergessen?“, dachte ich und machte mich auf den Weg zum Wohnzimmer. Dabei kam ich am Bad vorbei. Aus dem Bad hörte ich ein leises, metallisches „Weitermachen!“. Ich dachte: die Zahnbürste! Ist ein Dieb im Bad, hat sie aus Versehen berührt und ...? Entschlossen öffnete ich die Tür und machte Licht. Die Zahnbürste war vom Waschbecken gefallen, lag auf dem Fußboden und sagte: „Weitermachen!“

Ich schüttelte sie, aber sie sprach weiter. Ich versuchte, sie auszuknipsen, aber es gab keinen Schalter. Ich bedeckte sie mit drei Handtüchern, schloss die Tür und ging wieder ins Bett. Das „Weitermachen!“ hörte nicht auf. Das Metallstimmchen war durch kein Handtuch aufzuhalten. „Weitermachen!“, hörte ich. „Weitermachen!“

Ich ging wieder ins Bad. Versuchte, die Batterie aus dem Gerät zu nehmen. Sie befand sich hinter einer Klappe, die mit einer winzigen Schraube verschlossen war. Ich suchte einen Schraubenzieher, aber alle Schraubenzieher, die ich fand, waren zu groß für diese winzige Schraube. Ich wurde nervös ... und holte ein Messer, um die Schraube zu lösen.

Aber ich rutschte mit dem Messer ab und schnitt mich. Blutete. Leise fluchend holte ich ein

1 Lesen Sie den Text und beantworten Sie die Fragen.

- **a** Wer ist Paola? Wer ist Luis? Wer ist der Ich-Erzähler?
- **b** Warum hat Paola die Zahnbürste gekauft?
- **c** Was ist mit der Zahnbürste im Badezimmer passiert?
- **d** Wie hat der Erzähler zuerst reagiert?
- **e** Warum hat er dann ein Messer geholt?
- **f** Was hat er dann mit der Zahnbürste gemacht? Warum?
- **g** Was ist daraufhin passiert?

Pflaster. „Weitermachen!“, hörte ich. „Weitermachen!“ ... Ich war jetzt hysterisch. Was, zum Teufel, sollte ich tun? Ich konnte mir nicht den Rest der Nacht mit der Zahnbürste um die Ohren schlagen.

Ich ging ins Wohnzimmer, öffnete das Fenster und warf die Zahnbürste hinaus. Wir wohnen im zweiten Stock. Die Zahnbürste fiel in eine tiefe Kanalbaugrube vor unserem Haus.

„Weitermachen!“, hörte ich leise aus der Tiefe. „Weitermachen!“ Es war drei Uhr nachts.

Ein Betrunkener wankte den Bürgersteig entlang. Am Rand der Baugrube blieb er stehen und lauschte. „Es ist nichts!“, rief ich. „Nur eine Zahnbürste!“ Er blickte zu mir hinauf. „Da lllliegt wer drinnn“, lallte er, „muss runtagefalllln sssseinnnn ...“ „Weitermachen!“, hörte ich leise. „Weitermachen!“ „Es ist nur eine defekte Zahnbürste!“, rief ich. „Gehen Sie weiter!“ Ich dachte, wie es wäre, wenn er jetzt um Hilfe schreien und die ganze Straße wecken würde. Wenn man in der Baugrube nach einem Verschütteten zu suchen begänne. Und nur eine Zahnbürste fände, eine kleine sprechende Zahnbürste mit neongelber Bürste ...

„Ssssahnbürsssste?“, lallte der Mann. Er schwieg und starrte in die Grube. Dann wandte er sich mir zu: „Ich höre Ssssahnbürsssten schprechn, Ssssahnbürsten schprechn ausss der Tiefe sssu mir.“ Er schüttelte den Kopf und wischte sich mit der Hand übers Gesicht. „Scheisss-Sssauferei“, hörte ich noch.

Axel Hacke

Axel Hacke, 1956 in Braunschweig geboren, ist einer der bekanntesten deutschen Journalisten und Kolumnisten. Seine Kolumne „Das Beste aus meinem Leben“ erscheint seit 1997 wöchentlich im Magazin der *Süddeutschen Zeitung* – eine der führenden Tageszeitungen Deutschlands.

„Manche Leute haben einen Hund. Ich habe einen kleinen Elefanten, der mich jeden Tag auf dem Weg zum Büro begleitet.“

2 **Der Tag danach**

Wählen Sie mit Ihrer Partnerin / Ihrem Partner eine Situation aus und spielen Sie die Gespräche. Sie können die Fakten aus der Geschichte verwenden. Sie können sich aber auch eine ganz andere Geschichte ausdenken.

Luis sucht seine Zahnbürste und fragt seinen Vater, wo sie ist.	Paola sieht das Pflaster und will wissen, was passiert ist.	Der wieder nüchterne „Betrunkene“ steht vor der Tür und will wissen, was passiert ist.

FOLGE 11: *RÜCKSICHT NEHMEN*

1 **Sehen Sie die Fotos 1–3 an. Was ist das Problem? Was meinen Sie?**

2 **Welche Erklärung passt? Kreuzen Sie an.**

a Sie parken *vorschriftswidrig* in zweiter Reihe!
- ☐ Zum Parken in der zweiten Reihe brauchen Sie eine schriftliche Genehmigung.
- ☐ Es ist verboten, in der zweiten Reihe zu parken.

b Man muss doch *Rücksicht nehmen.*
- ☐ Man muss nach hinten sehen.
- ☐ Man muss auch an die anderen Menschen denken.

CD 1 57-64 **3** **Sehen Sie die Fotos an und hören Sie.**

4 **Erzählen Sie die Geschichte. Diese Wörter helfen Ihnen.**

suchen · parken · blockieren · kalt werden · finden · wegfahren · hupen · wütend/sauer sein auf … · Rücksicht nehmen auf … · in der zweiten Reihe · der Parkplatz · der Wagen · das Essen

57-64

5 Welcher Gesichtsausdruck passt? Hören Sie noch einmal und ordnen Sie zu.

A

B

C

- [B] Das ist ja unglaublich.
- [ ] Ja, Sie haben recht, aber …
- [ ] Ach, seien Sie doch bitte so nett!
- [ ] Okay, okay … ich fahr' ja schon.
- [ ] Das gibt's doch wohl nicht, oder?
- [ ] Was soll denn das?
- [ ] Das werde ich mir merken!

6 Wie finden Sie das Verhalten der beiden Männer? Sprechen Sie.

Ich finde, eigentlich hat der Mann recht. Nasseer hat ihn behindert. Wenn jeder einfach in der zweiten Reihe parken würde!

Eben. Und deshalb finde ich Nasseers Verhalten …

Ja, aber zuerst ist er wütend auf Nasseer und dann …

Sie **werden** jetzt **wegfahren**.

CD 1 65

A1 Hören Sie noch einmal und ergänzen Sie.

Futur I
Sie **werden** jetzt **wegfahren**.

a ▲ Und ich soll hier warten? … Oh nein!
● Ach, bitte! Das dauert doch nur ein paar Sekunden.
▲ Nein! Sie .... jetzt ....! Jetzt sofort!

b ● Aber es geht ja ganz schnell und dann fahr' ich gleich weg.
▲ Na schön! … Wie Sie wollen! … Dann .... ich jetzt die Polizei ....!

CD 1 66-70

A2 Wer sagt das? Ordnen Sie zu. Hören Sie dann und vergleichen Sie.

A ☐

B ☐
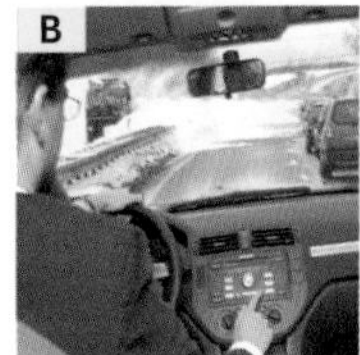
C ☐

D ☐

E ☐

1 Mitte Juli fahren Ralf und ich mit dem Auto nach Dänemark zum Campen. Cool, oder?
2 Also, das wird noch Folgen haben. Sie werden schon noch sehen, was Sie davon haben!
3 Auch im benachbarten Ausland wird es in den Skigebieten lange Staus geben.
4 Mach dir keine Sorgen, Mama. Ich werde keinen einzigen Tropfen Alkohol trinken.
5 Wir werden die Ursachen vieler Verkehrsunfälle aufzeigen.

Zukunft

Zeitangabe + Präsens	Futur I
Mitte Juli fahren Ralf und ich nach Dänemark.	Wir **werden** nach Dänemark **fahren**. *auch mit der Bedeutung:* Vorsatz, Vermutung, Versprechen, Aufforderung

CD 1 66-70

A3 Hören Sie noch einmal und kreuzen Sie an: richtig oder falsch?

		richtig	falsch
1	Der Student möchte ein Auto kaufen.	☐	☐
2	Der Mann steht im Parkverbot, aber er weigert sich wegzufahren.	☐	☐
3	Der Wetterbericht meldet neue Schneefälle und warnt vor Staus.	☐	☐
4	Der Sohn verabschiedet sich von seiner Mutter und verspricht, mit dem Taxi nach Hause zu fahren.	☐	☐
5	Der Polizeisprecher der „Aktion Verkehrssicherheit" fordert noch mehr Verkehrskontrollen.	☐	☐

A4 Was sagen die Leute? Was meinen Sie?

A

B

C
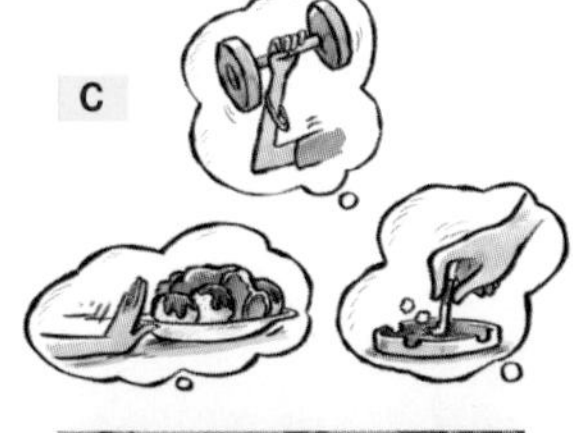

D

Es ist aus! Ich werde mich scheiden lassen …

71 **B1** **Ärger im Straßenverkehr.**

a Wer sagt das? Kreuzen Sie an.

☐	Sie parken vorschriftswidrig in zweiter Reihe!	☐	☒
☐	Ach, bitte! Das dauert doch nur ein paar Sekunden. Bitte!	☐	☐
☐	Was? Und ich soll hier warten?	☐	☐
☐	Nein! Sie werden jetzt wegfahren! Jetzt sofort!	☐	☐
☐	Ach, seien Sie doch bitte so nett! Das Essen wird kalt.	☐	☐
1	Kann ich nicht schnell das Essen da reinbringen?	☐	☐
☐	Aber es geht ja ganz schnell und dann fahre ich gleich weg.	☐	☐

b Ordnen Sie das Gespräch. Hören Sie und vergleichen Sie.

72 **B2** **Sicherheitskontrolle am Flughafen**

Hören Sie und kreuzen Sie an: richtig oder falsch?

		richtig	falsch
a	Der Passagier hat seinem Sohn zum Geburtstag ein Taschenmesser geschenkt.	☐	☐
b	Man kann ein Taschenmesser im Handgepäck haben, weil es keine Waffe ist.	☐	☐
c	Der Mann kann das Taschenmesser mit der Post nach Hause schicken.	☐	☐
d	Die Dame macht eine Ausnahme: Der Mann darf das Taschenmesser mitnehmen.	☐	☐

B3 **Rollenspiel**

innerhalb einer Ortschaft = *in* einer Ortschaft
außerhalb einer Ortschaft = *nicht in* einer Ortschaft

a Wählen Sie eine Situation aus.

1 In der Stadt: Sie haben eingekauft und kommen schwer bepackt zu Ihrem Auto. Eine Politesse schreibt gerade einen Strafzettel: Die Parkuhr ist abgelaufen und Sie sollen fünf Euro zahlen: wegen zehn Minuten Verspätung!

2 Am Bahnhof: Sie sind spät dran, weil sich die S-Bahn verspätet hat. Die Schlange am Fahrkartenschalter ist sehr lang und Ihr Zug geht in zehn Minuten. Sie gehen direkt nach vorn zum Schalter. Ein Mann hinter Ihnen schimpft.

3 Im Auto: Sie werden innerhalb einer Ortschaft wegen erhöhter Geschwindigkeit von der Polizei gestoppt. Sie sind 35 km/h zu schnell gefahren und sollen 100 Euro Bußgeld zahlen.

b Spielen Sie.

Person A	Person B
Sie sagen, was der/die andere falsch gemacht hat.	Sie entschuldigen sich und erklären die Situation.
Sie akzeptieren die Entschuldigung nicht.	Sie versuchen, Person A zu überreden.

sich entschuldigen
Tut mir leid, das ist mir wirklich unangenehm.
Sie haben ja vollkommen recht.
Ich wollte nur schnell …
Es war doch keine Absicht.
Es wird bestimmt nie wieder vorkommen.
Ach du liebe Zeit!
Das habe ich völlig vergessen/übersehen.

jemanden überreden
Ach, kommen Sie, so schlimm war das doch gar nicht.
Ach, seien Sie doch bitte so nett.
Können Sie nicht mal ein Auge zudrücken?

eine Entschuldigung nicht akzeptieren
Aber das geht doch nicht.
Das ist nicht in Ordnung.
Das kommt überhaupt nicht in Frage.

C1 Gutes Benehmen?

a Wie ist ein Gentleman Ihrer Meinung nach? Sammeln Sie Beispiele.

b Lesen Sie den Text und ordnen Sie die Überschriften zu.

1. „Die Rechnung, bitte!“
2. Bitte nicht telefonieren!
3. Immer zur rechten Zeit
4. Vorsicht vor Tabu-Themen
5. Warm ums Herz
6. Schritt halten
7. „Darf ich Ihnen helfen?“
8. „Nach Ihnen!“

Abschnitt	A	B	C	D	E	F	G	H
Überschrift		1						

Der Gentleman ist wieder »in«

»Jede Frau träumt von einem Gentleman«, sagt Veronika Hauser – und sie muss es wissen, denn sie bietet Seminare für gutes Benehmen an und ist Autorin des Ratgebers »Das 1x1 des guten Benehmens«. »Nett, höflich und zuvorkommend muss er sein«, sagt sie. Und aktuelle Studien geben ihr recht. Das Männermagazin »Matador« hat gerade erst herausgefunden: 76 Prozent der Frauen schätzen gutes Benehmen. Weil viele Männer gar nicht wissen, wie wichtig Frauen gute Manieren bei ihnen finden, haben wir die wichtigsten Benimm-Regeln für Männer zusammengefasst.

A ……………

Im Büro oder im Kaufhaus: Der klassische Kavalier hält die Tür auf und lässt der Dame den Vortritt. Sitzt die Frau im Auto, steigt er schnell aus und öffnet ihre Autotür.

B ……………

Nach dem Dessert bezahlt der Herr die Rechnung. Die unangenehme Wartezeit, bis die Rechnung und dann das Wechselgeld kommen, fällt weg, wenn er direkt beim Kellner zahlt. So beeindruckt er sie, ohne mit seinem Geld anzugeben.

C ……………

In Gegenwart einer Dame ist es am besten, wenn er das Handy abstellt. Erwartet er wirklich einen wichtigen Anruf, ist es ratsam, den Vibrationsalarm einzustellen. Viele Frauen finden es unhöflich, wenn das Handy offen auf dem Tisch liegt. Also ab damit in die Jackentasche!

D ……………

Ein Herr mit guten Manieren hilft der Dame beim An- und Ausziehen ihres Mantels oder ihrer Jacke. Dabei ist wichtig, dass ein langer Mantel nicht den Boden berührt, weil er sonst schmutzig wird.

E ……………

Sie bestimmt das Tempo. Beim Spaziergang im Park oder beim Einkaufsbummel durch die Stadt – wo auch immer: Der Mann passt sich immer dem Schritttempo der Frau an.

F ……………

Ist es draußen kalt, bietet der Herr der Dame seinen Mantel oder seine Jacke an, damit sie nicht frieren muss. Bei Regen schützt er sie vor Nässe.

G ……………

Andere warten zu lassen, ist sehr unhöflich. Pünktlich erscheint der Mann zum vereinbarten Treffpunkt. Egal, ob beim Date, im Büro oder beim Besuch der Schwiegereltern.

H ……………

Auf dem Gang im Büro, auf einem Fest oder im Aufzug: Es gibt immer wieder Situationen, in denen man ins Gespräch kommen kann. Bei diesen kurzen Gesprächen ist es ratsam, schwierige Themen wie Tod, Politik, Firmenklatsch oder Krankheiten zu vermeiden.

c Vergleichen Sie Ihre Vermutungen aus a mit den Aussagen des Textes.

C2 Kennen Sie noch andere Beispiele für „gute Manieren“? Für Frauen und Männer?

Ich finde es unmöglich, wenn Paare sich in der Öffentlichkeit streiten und anschreien.

Ich finde es wichtig, dass man freundlich grüßt, wenn man in einen Raum kommt.

D1 **Lesen Sie den ersten Abschnitt (Zeilen 1–7) und beantworten Sie die Fragen.**

a Was meinen Sie: Woher kommt der Autor?

b Wo lebt er und wie lange lebt er schon dort?

D2 **Lesen Sie jetzt den ganzen Text. Wie verhalten sich die arabischen Gäste, wie die deutschen? Unterstreichen Sie im Text in jeweils einer Farbe.**

Andere Sitten

In Damaskus fühlt sich jeder Gastgeber beleidigt, wenn seine Gäste etwas zu essen mitbringen. Und kein Araber käme auf die Idee, selber zu kochen oder zu backen, wenn er bei jemandem eingeladen ist. Die Deutschen sind anders. Wenn man sie einlädt, bringen sie stets etwas mit: Eingekochtes vielleicht oder Eingelegtes, manchmal auch selbstgebackenen Kuchen und in der Regel Nudelsalat. Warum Nudelsalat, mit Erbsen und Würstchen und Mayonnaise? Auch nach zweiundzwanzig Jahren in Deutschland finde ich ihn noch schrecklich.

In Damaskus hungert ein Gast am Tag der Einladung, weil er weiß, daß ihm eine Prüfung bevorsteht. Er kann nicht bloß einfach behaupten, daß er das Essen gut findet, er muß es beweisen, das heißt eine Unmenge davon verdrücken. Das grenzt oft an Körperverletzung, denn keine Ausrede hilft. Gegen die Argumente schüchterner, satter oder auch magenkranker Gäste halten Araber immer entwaffnende, in Reime gefaßte Erpressungen bereit.

Deutsche einzuladen ist angenehm. Sie kommen pünktlich, essen wenig und fragen neugierig nach dem Rezept. Ein guter arabischer Koch kann aber gar nicht die Entstehung eines Gerichts, das er gezaubert hat, knapp und verständlich beschreiben. Er fängt bei seiner Großmutter an und endet bei lauter Gewürzen, die kein Mensch kennt, da sie nur in seinem Dorf wachsen und ihr Name für keinen Botaniker ins Deutsche zu übersetzen ist. Die Kochzeit folgt Gewohnheiten aus dem Mittelalter, als man noch keine Armbanduhr hatte und die Stunden genüßlich vergeudete. Ein unscheinbarer Brei braucht nicht selten zwei Tage Vorbereitung, und das unbeeindruckt von aller modernen Hektik.

Deutsche Gäste kommen nicht nur pünktlich, sie sind auch präzise in ihren Angaben. Wenn sie sagen, sie kommen zu fünft, dann kommen sie zu fünft. Und sollten sie wirklich einmal einen sechsten Gast mitbringen wollen, telefonieren sie vorher stundenlang mit dem Gastgeber, entschuldigen sich dafür und loben dabei die zusätzliche Person als einen Engel der guten Laune und des gediegenen Geschmacks.

So großartig Araber als Gastgeber sind, als Gäste sind sie dagegen furchtbar. Sie sagen, sie kommen zu dritt um zwölf Uhr zum Mittagessen. Um sieben Uhr abends treffen sie ein. Und vor Begeisterung über die Einladung bringen sie Nachbarn, Cousins, Tanten und Schwiegersöhne mit. Aber das bleibt ihr Geheimnis, bis sie vor der Tür stehen. Sie wollen dem Gastgeber doch eine besondere Überraschung bereiten. Einmal zählten wir in Damaskus eine Prozession von neunundzwanzig Menschen vor unserer Tür, als meine Mutter ihre Schwester eingeladen hatte, um mit ihr nach dem Essen in Ruhe zu reden.

Ein leichtfertiges arabisches Sprichwort sagt: Wer vierzig Tage mit Leuten zusammenlebt, wird einer von ihnen. Seit über zweiundzwanzig Jahren lebe ich inzwischen mit den Deutschen zusammen, und ich erkenne Veränderungen an mir. Aber die Mitbringsel der Gäste? Wein kann ich inzwischen annehmen, aber Nudelsalat – niemals.

…, da sie nur in seinem Dorf wachsen =
…, *weil* sie nur in seinem Dorf wachsen

D3 **Wie finden Sie das Verhalten der deutschen und der arabischen Gäste? Wie würden Sie sich verhalten?**

CD 1 73-74

D4 Kurzvortrag: „Eine Feier in meiner Heimat" Hören Sie die zwei Kurzvorträge.

a Von welcher Feier handeln die beiden Kurzvorträge? Notieren Sie.

b Lesen Sie die Inhaltspunkte zu den Kurzvorträgen. Zu welchen Punkten wird etwas gesagt? Hören Sie noch einmal und kreuzen Sie an.

		Kurzvortrag 1	Kurzvortrag 2
1	So feiert man in meiner Heimat.	☐	☐
2	Wo man feiert.	☐	☐
3	Wen man einlädt.	☐	☐
4	Was man macht. / Was man isst und trinkt.	☐	☐
5	Was besonders schön / nicht so schön ist.	☐	☐

1
„Eine Feier in meiner Heimat"
Name der Feier
Folie 1

2
„Eine Feier in meiner Heimat"
Wo wir feiern
Folie 2

3
„Eine Feier in meiner Heimat"
unsere Gäste
Folie 3

4
„Eine Feier in meiner Heimat"
Aktivitäten
Folie 4

5
„Eine Feier in meiner Heimat"
Bewertung
Abschluss und Dank
Folie 5

c Welchen Kurzvortrag finden Sie besser? Sprechen Sie darüber im Kurs.

CD 1 75-76

d Hören Sie jetzt die Fragen und Antworten zu den Kurzvorträgen. Nach welchen Informationen wird gefragt? Kreuzen Sie an.

	Kurzvortrag 1	Kurzvortrag 2
Geschenke	☐	☐
Kosten für das Fest	☐	☐

D5 Halten Sie jetzt einen Kurzvortrag zu einer Feier bei Ihnen. Sagen Sie etwas zu allen Punkten (1–5). Sagen Sie am Anfang etwas zum Inhalt Ihres Kurzvortrags. Arbeiten Sie zu zweit. Stellen Sie Ihrer Partnerin / Ihrem Partner am Ende eine Frage.

1 So feiere ich ...
2 Wo ich feiere
3 Wen ich einlade
4 Was wir machen, essen und trinken
5 Was mir persönlich besonders gefällt, was ich nicht mag

Inhalte des Kurzvortrags nennen
Ich möchte ... vorstellen
Ich möchte Ihnen erzählen, was / wie ...
Zuerst sage / erzähle ich ...
Dann berichte ich darüber ...
Ich erzähle Ihnen auch ...
Zum Schluss sage ich noch ...

die eigene Situation beschreiben
Bei uns ...
In meiner Heimat ...
In meinem Land ...

eigene Vorlieben nennen
Am liebsten ...
Am besten gefällt mir ...
Ich finde nicht so gut, wenn ...

zu Fragen auffordern
Haben Sie noch Fragen?
Gibt es noch Fragen?

Grammatik

1 Futur I

	werden		Infinitiv
Ich	**werde**	jetzt die Polizei	**rufen.**
Auch im Ausland	**wird**	es lange Staus	**geben.**
Wir	**werden**	nach Dänemark	**fahren.**

→ ÜG, 5.08

2 Präpositionen: *innerhalb – außerhalb* + Genitiv

außerhalb einer Ortschaft (= *nicht in* einer Ortschaft)
innerhalb einer Ortschaft (= *in* einer Ortschaft)

→ ÜG, 6.03

3 Konjunktion: *da*

	Konjunktion	Ende
Er spricht von Gewürzen, die kein Mensch kennt,	da sie nur in seinem Dorf (= *weil*)	wachsen.

→ ÜG, 10.09

Wichtige Wendungen

sich entschuldigen

Tut mir leid, das ist mir wirklich unangenehm ... •
Sie haben ja vollkommen recht. •
Ich wollte nur schnell ... •
Es war doch keine Absicht. •
Es wird bestimmt nie wieder vorkommen. •
Ach du liebe Zeit! •
Das habe ich völlig vergessen/übersehen.

jemanden überreden

Ach, kommen Sie, so schlimm war das doch gar nicht. • Ach, seien Sie doch bitte so nett. •
Können Sie nicht mal ein Auge zudrücken?

eine Entschuldigung nicht akzeptieren

Aber das geht doch nicht. •
Das ist nicht in Ordnung. •
Das kommt überhaupt nicht in Frage.

etwas beurteilen

Ich finde, eigentlich hat der Mann recht. •
Ja, aber zuerst ... und dann ... •
Ich finde es wichtig, dass ... •
Ich finde es unmöglich, wenn ...

Inhalte eines Kurzvortrags nennen

Ich möchte ... vorstellen •
Ich möchte Ihnen erzählen, was/wie ... •
Zuerst sage/erzähle ich ... •
Dann berichte ich darüber ... •
Ich erzähle Ihnen auch ... •
Zum Schluss sage ich noch ...

die eigene Situation beschreiben

Bei uns ... •
In meiner Heimat ... •
In meinem Land ...

eigene Vorlieben nennen

Am liebsten ... •
Am besten gefällt mir ... •
Ich finde nicht so gut, wenn ...

zu Fragen auffordern

Haben Sie noch Fragen? •
Gibt es noch Fragen?

‚Interview' mit Freiherr Adolph Knigge

Hört man bei uns das Wort ‚Knigge', weiß jeder, was gemeint ist: Es geht um eines der vielen Benimmbücher, die uns erklären, welches Besteck man beim Fischessen verwenden muss, wohin man seine Serviette legen darf und wie viel Trinkgeld man dem Ober geben soll. Es gibt Manager-Knigges und Karriere-Knigges, Ehe-, Urlaubs-, Erziehungs-Knigges, Mieter-Knigges, Haustier-Knigges und so weiter. Das Wort ‚Knigge' kommt von Freiherr Adolph Knigge, dessen Buch „Über den Umgang mit Menschen" im Jahr 1788 zum ersten Mal erschien. Dass es kein ‚Knigge' im heutigen Sinn war, sondern ein kluger psychologischer und philosophischer Lebensratgeber, wissen die wenigsten. Grund genug, mal mit dem Autor zu ‚sprechen'.*

Freiherr Knigge, Sie haben gesagt, dass man mit seinen Mitmenschen alles machen kann, wenn man ihre Schwächen erkennt und ausnutzt.

Ich habe aber auch gesagt, dass ein ehrlicher Mann mit den Menschen nicht alles machen kann und will und dass ein Mensch mit festen Grundsätzen auch nicht alles mit sich machen lässt.

Grundsätze, das ist ein sehr wichtiges Thema für Sie, richtig?

Gehe nie von deinen Grundsätzen ab, solange du sie selbst für richtig hältst! Handle immer konsequent! Sei, was du bist, immer ganz und immer derselbe. Respektiere dich selbst, wenn du willst, dass andre dich respektieren sollen.

1 Lesen Sie die Texte und beantworten Sie die Fragen.

- Was versteht man heute normalerweise unter dem Wort „Knigge"?
- Was erfahren Sie über das Leben von Freiherr Adolph Knigge?

2 Was würde Freiherr Adolph Knigge wohl dazu sagen?

- Ein Freund von Ihnen kann nicht „Nein" sagen. Das wissen Sie genau und bitten ihn, Ihnen 1000 Euro zu leihen.
- Sie haben einen sehr großen Freundeskreis und lieben es, ständig neue Freundschaften zu schließen.
- Sie haben gerade den neuen Partner einer Freundin kennengelernt und finden ihn schrecklich. Natürlich sagen Sie das Ihrer Freundin nicht.
- Ein Freund von Ihnen findet, dass Arbeit das Wichtigste im Leben ist. So ein Quatsch – finden Sie. Sie diskutieren mit ihm und versuchen, ihn von Ihrer Meinung zu überzeugen.

Aber jeder hat doch andere Grundsätze.

Man soll natürlich auch respektieren, was für andere wichtig ist. Man soll jedem die Meinungsfreiheit lassen, die man auch für sich selbst haben will. Interessiere dich für andre, wenn du willst, dass andre sich für dich interessieren sollen!

Sie empfehlen also, viele Menschen kennenzulernen?

Ich rate, mit so wenig Leuten als möglich vertraulich zu werden, nur einen kleinen Kreis von Freunden zu haben und diesen nur mit größter Vorsicht zu erweitern. Sei nicht jedermanns Freund und Vertrauter. Mache Unterschiede in deinem Verhalten gegenüber den Menschen, mit denen du umgehst. Gib nicht jedem deine Hand. Umarme nicht jeden. Drücke nicht jeden an dein Herz.

Über Fürsten und Könige haben Sie gesagt, …

… dass sie, was sie sind und was sie haben, nur durch die Zustimmung des Volkes sind und haben und dass man ihnen diese Rechte wieder nehmen kann, wenn sie sie nicht richtig gebrauchen …

Das hat den Mächtigen sicher nicht gefallen, oder?

Man muss das Herz haben, die Wahrheit zu sagen, auch dann, wenn diese Wahrheit hart ist. Lerne Widerspruch ertragen. Du hast bei der besten Sache schon halb verloren, wenn du nicht kaltblütig bleibst.

Freiherr Adolph Knigge wurde 1752 in Bredenbeck bei Hannover als Sohn einer uralten Adelsfamilie geboren. Als er elf war, starb seine Mutter. Mit 14 verlor er den Vater, der dem Jungen zu allem Unglück auch noch große Schulden hinterließ. Als Angestellter an Fürstenhöfen, als Schriftsteller und als Beamter versuchte Knigge, seinen Lebensunterhalt zu verdienen. Er starb 1796 in Bremen. Sein bis heute wichtigstes Buch ist *Über den Umgang mit Menschen*. Es erschien schon zu seinen Lebzeiten in mehreren Auflagen, wurde aber nach Knigges Tod vom Verlag verändert und zu einem banalen Benimm-Ratgeber umfunktioniert. Knigge war Demokrat und sympathisierte mit der Französischen Revolution.

* Die verwendeten Aussagen aus Knigges Buch wurden zusammengefasst und dem Lernwortschatz angepasst.

- Sie bitten Ihren Chef um eine Gehaltserhöhung. Leider ist das Gespräch nach zwei Minuten schon wieder vorbei: Ihr Chef hat abgelehnt und Sie haben resigniert sein Zimmer verlassen.
- Ihre Mutter erzählt Ihnen von den Problemen einer ihrer Freundinnen. Wie langweilig! Sie würden viel lieber über Ihre eigenen Probleme sprechen.

3 **Was halten Sie von den Ratschlägen von Freiherr Adolph Knigge? Welche sind für Ihr eigenes Leben interessant oder wichtig? Erzählen Sie.**

Ich finde, die Ratschläge von Herrn Knigge sind sehr wichtig für das Berufsleben. Ich muss zum Beispiel sehr viel mit Kunden verhandeln. Da ist es oft schwierig, …

Meiner Meinung nach sind die Ratschläge auch für das Privatleben sehr interessant. Ich finde es zum Beispiel komisch, dass man nicht zu viele Freunde haben soll. Also, ich …

Die Ratschläge sind doch total veraltet. …

1

2

5

6

FOLGE 12: *NASSEER BEKOMMT EINEN BRIEF*

1 Ordnen Sie zu.

☑ das Gericht ● ☐ der Richter ● ☐ der Rechtsanwalt ● ☐ der Angeklagte

2 Welchen Brief bekommt man zuerst, welchen zuletzt? Ordnen Sie.

☐ Mahnung

Haben Sie unsere Rechnung übersehen? Bitte überweisen Sie den ausstehenden Betrag von 59,38 Euro innerhalb von sieben Tagen.

☐ Rechnung

Handy, Modell Olyion	49,90 €
+ 19 % MwSt.	9,48 €
Summe	59,38 €

☐ Mahnbescheid

Antrag auf Erlass eines Mahnbescheids
– Nur für Gerichte, die die Mahnverfahren maschinell bearbeiten. –
Datum des Antrags
Bitte beachten Sie die Ausfüllhinweise!

2 2-9 **3** **Sehen Sie die Fotos an und hören Sie.**

4 **Erzählen Sie die Geschichte nach. Die Fragen helfen Ihnen.**

- Von wem hat Nasseer einen Brief bekommen?
- Was ist das für ein Brief und was steht darin?
- Welchen Rat bekommt er von Maja?
- Was sagt der Anwalt?
- Was steht in dem Brief vom Anwalt?
- Wie reagiert Nasseer?

5 **Haben Sie sich schon einmal über eine Firma oder eine Behörde geärgert?**

Ja, über die Post. Mein Briefträger verwechselt immer …

Ja, dauernd bekomme ich Werbung von …

A Wie lange muss ich eigentlich hier leben, **bis** mein Name richtig geschrieben wird?

A1 Ergänzen Sie *bis* oder *seitdem*.

a ▲ Wie lange muss ich eigentlich hier leben, ..*bis*.............. mein Name richtig geschrieben wird?
▲ .... ich hier lebe, habe ich das Problem, dass fast kein Mensch meinen Namen richtig schreibt.

b ● Ich übernehme deine Arbeit, ... du vom Rechtsanwalt zurückkommst.
● .... ich Nasseer kenne, weiß ich, dass das Leben in einem fremden Land manchmal ganz schön kompliziert ist.

..., **bis** mein Name richtig geschrieben wird?
..., **seitdem/seit** ich hier lebe.

CD 2 10-12 A2 Was auf einer Reise alles passieren kann

a Hören Sie und erzählen Sie in jeweils zwei Sätzen, worum es in den Gesprächen geht.

1

2

3

b Ergänzen Sie die Sätze mit *bevor*, *seit/seitdem*, *bis*, *während* oder *als*.

1 ■ Susanne Müller wartet schon, ... (gelandet sein). Und das ist über eine Stunde her.

■ ....
(Angestellter – kann helfen), müssen ein paar Formalitäten erledigt werden.

■ ....
(Angestellter – das klären), geht Frau Müller einen Kaffee trinken.

2 ■ ....
(Hanna – Formular ausfüllen), ruft der Angestellte bei den Verkehrsbetrieben an.
Man muss Geduld haben, ... (die Sachen wieder da sein)

3 ■ Herr und Frau Nill dachten, dass sie das Auto stehen lassen können, ...
.... (wieder nach Hause fahren)

■ ....
(sie etwas aus dem Wagen holen wollen), war er nicht mehr da.

A3 Rollenspiel: Ich habe da ein Problem ...

Wählen Sie mit Ihrer Partnerin / Ihrem Partner eine Situation oder denken Sie sich eine neue aus.

Im Fundbüro: Geigenkasten im Bus vergessen ● Instrument ist sehr wertvoll	Bei der Polizei: Auto dummerweise auf Bürgersteig geparkt ● wurde beschädigt	Am Flughafen: Ticket ist auf den falschen Tag – genau einen Monat später – ausgestellt

um Hilfe bitten
Ich bin in einer verzweifelten/komischen/ unglaublichen/... Situation: ...
Ich weiß nicht, was ich machen soll / wie ich das machen soll.
Sie müssen mir helfen, ich ...
Ich weiß nicht mehr weiter.

jemanden beruhigen
Beruhigen Sie sich doch.
Das kann doch jedem mal passieren.
Ich bin ganz sicher, dass ...
Keine Sorge, ich werde Ihnen (dabei) helfen.

nachfragen
Jetzt erzählen/sagen Sie erst mal ...
Was genau ist denn Ihr Problem?
Seit wann ist ...?
Was haben Sie gemacht, bevor ...?

eine Lösung anbieten
Bevor wir Ihnen helfen können / was machen können, brauchen wir noch ...
Bis wir ..., müssen Sie leider Geduld haben.
Ich habe da eine Idee / einen Vorschlag.
Wie wäre es denn, wenn ...?

B1 *indem* und *ohne dass/zu*

a Antworten Sie mit *indem*.

~~sich beraten lassen~~ • den Namen auf dem Pass und der Rechnung vergleichen • auf den Tisch hauen

- Wie regelt man das am besten? *Indem man sich beraten lässt.*
- Wie löst man ein Problem nicht? ...
- Wie hat der Anwalt Nasseers Problem gelöst? ...

b Ergänzen Sie die Sätze mit *ohne ... zu* oder *ohne dass*.

..., **indem** man sich beraten lässt.

- Darf ich vielleicht einen Satz zu Ende bringen, *ohne dass du mich unterbrichst*? (du – mich unterbrechen)
- Kannst du vielleicht das Problem lösen, ...? (auf den Tisch hauen)
- Kann ich vielleicht mal etwas sagen, ...? (du – dich gleich aufregen)

..., **ohne dass** du mich unterbrichst.

Wiederholung
... **ohne** mich **zu** unterbrechen.

B2 Moderne Rechtsberatung

a Lesen Sie das Interview und ordnen Sie die Fragen zu.

Gibt es auch noch andere Möglichkeiten? • Aber woher weiß ich denn, wie viel diese Beratung kostet? • Ja, aber wie funktioniert das genau?

Immer mehr Menschen suchen in dieser schnelllebigen Zeit auch schnelle Lösungen für ihre Probleme. Deshalb gibt es inzwischen auch für rechtliche Fragen „Online-Anwälte". Wir haben Herrmann Mohr, einen der Gründer von Anwalthilfe-online, befragt.

Wie kann ich schnell einen juristischen Rat bekommen?
Das ist ganz einfach: Sie machen im Internet unter Anwalthilfe-online.de eine Anfrage.

...
Indem Sie einfach Ihre Frage eingeben. Ein Beispiel: ‚Ich bin zu schnell gefahren und habe deswegen zurzeit keine Fahrerlaubnis. Manchmal fahre ich aber ganz kurze Strecken, nie länger als fünf Minuten. Kann ich dafür bestraft werden?'

Und dann?
Sie bekommen innerhalb weniger Stunden per Mail eine Antwort von einem Anwalt.

...
Lassen Sie sich vorher unbedingt einen Kostenvoranschlag machen. Erst dann geben Sie Ihre Anfrage ein. Die Kosten für eine Beratung betragen in der Regel zwischen 20 und 120 Euro. Allerdings können viele Fragen so noch nicht endgültig geklärt werden.

...
Sie können auch eine telefonische Anwalt-Hotline nutzen. Hier erhält man für zwei Euro die Stunde eine mündliche Auskunft. Sie müssen sich aber absichern: Notieren Sie sich gleich Namen und Adresse des Anwalts. Dieser haftet nämlich für seine Antwort. Berücksichtigen Sie bitte auch: Eine solche Beratung ist gut geeignet für einfache Rechtsfragen des Alltags, nicht aber für schwierige Sachverhalte. Es hat wenig Sinn, sich an eine solche Hotline zu wenden, wenn Sie betrogen worden sind und keine Beweise dafür haben oder wenn Sie schon in einem Gerichtsprozess verurteilt worden sind und nun in Revision gehen möchten.

b Beantworten Sie die Fragen.

1. Wie kann man schnell eine Auskunft bekommen? — *Indem man ...*
2. Wie lange dauert es, bis die Anfrage beantwortet ist? — ...
3. Was muss man unbedingt beachten? — *Man darf keine Anfrage machen, ohne ...*
4. Wie kann man sich gegen falsche Auskünfte absichern? — *Indem man sich ...*
5. Bei welchen Fällen ist eine Beratung angebracht? — ...
6. Und bei welchen nicht? — ...

B3 Wofür könnten Sie selbst eine Beratung geben?

Worauf sind Sie spezialisiert? Wen können Sie wie beraten? Arbeiten Sie in Gruppen und entwerfen Sie eine Werbeanzeige für eine Beratungshotline. Die anderen im Kurs stellen Ihnen Fragen.

Sie suchen die aufregendsten Clubs der Stadt?
Sie wollen wissen: Wohin als Nichtraucher?
Was auch immer Sie wissen wollen –
für nur 39 Cent pro Minute verraten wir Ihnen,
wo und wie Sie sich am besten amüsieren!
Und das Beste: Der erste Anruf ist gratis!
Telefon 333 666

C1 **Sehen Sie die Fotos und die Überschriften an. Was meinen Sie: Worum geht es in dem Text?**

C2 **Lesen Sie nun den Text.**

a Beantworten Sie die Fragen.

- Wie viele Deutsche arbeiten ehrenamtlich in wohltätigen Organisationen?
- Welche Aufgaben übernehmen sie?
- Welche Personengruppen engagieren sich besonders häufig?
- Was macht die Agentur „Tatendrang"?

b Arbeiten Sie in Gruppen: Stellen Sie noch drei weitere Fragen zum Text. Tauschen Sie Ihre Fragen mit einer anderen Gruppe.

Zeigen Sie auch Größe

Größe zeigen, das tun viele Menschen in Deutschland. Sie engagieren sich freiwillig. „Zeigen auch Sie Größe!" Mit diesem Spruch wurde die „Woche des bürgerschaftlichen Engagements" beworben.

Tatsächlich engagieren sich mehr als 23 Millionen Menschen in Deutschland freiwillig und ohne Lohn. Sie organisieren sich in einer Million Vereinen, Bürgerinitiativen, Selbsthilfegruppen, pumpen Fußbälle auf, frisieren Pflegebedürftige, restaurieren alte Häuser, springen für kranke Lehrer ein, backen Nudelauflauf für die Schulküche – und während ihres Urlaubs operieren deutsche Ärzte in Elendsvierteln der „Dritten Welt" Patienten.

Allein 25 000 Helfer sind zum Beispiel jede Woche in den rund 500 Vereinen der „Tafel" im Einsatz, sammeln in Supermärkten Lebensmittel kurz vor dem Verfallsdatum ein und verteilen sie an Bedürftige. „Alle reden von sozialer Kälte. Aber wir erleben jeden Tag das Gegenteil", berichtet der „Tafel"-Vorstand. „In Deutschland ist das Wir-Gefühl auf dem Vormarsch."

Besonders aktiv sind dabei Mitglieder großer Familien, regelmäßige Kirchgänger und Pendler, die am Rande der Großstadt ihre Nachbarschaft gestalten. Am häufigsten aber setzen sich Arbeitslose und Rentner ein. Aber auch die Zahl der Jugendlichen, die ein „Freiwilliges soziales Jahr" in Altersheimen, Sportvereinen und Naturschutzgruppen machen, steigt beständig.

Inzwischen haben sich in allen größeren Städten Freiwilligenagenturen gebildet. Ein Beispiel ist die Agentur „Tatendrang" in München. Unter dem Motto „Spenden Sie Zeit statt Geld" organisieren sie für freiwillige Helfer Einsatzmöglichkeiten. „Wir arbeiten mit mehr als 200 gemeinnützigen Einrichtungen zusammen. Wir finden immer etwas, was passt – für den 35-jährigen Berufstätigen, der ein paar Stunden Zeit im Monat spenden will, wie für den Arbeitslosen, der seinen Tag mit einem Ehrenamt strukturieren möchte."

Spenden Sie Zeit statt Geld

Die dunklen Prophezeiungen einer egoistischen Spaßgesellschaft von „Ichlingen" haben sich offensichtlich nicht erfüllt. Im Gegenteil: Die Bereitschaft zum Engagement wächst und wächst!

C3 **Persönliches Engagement**

Wofür engagieren Sie sich oder wofür würden Sie sich gern engagieren? Machen Sie sich Notizen und präsentieren Sie dem Kurs in zwei bis drei Minuten Ihre Überlegungen.

- sich für etwas begeistern
- sich für etwas einsetzen
- sich für etwas engagieren
- bei etwas mitmachen

außer + Dativ
alle **außer meinem** Vater
= alle, *nur* mein Vater *nicht*

Ich würde mich gern dafür einsetzen, dass das Verhältnis zwischen den Generationen besser wird, dass man mehr miteinander macht und so. Und da gibt es ja eine Organisation, die ...

In meiner Familie engagieren sich alle außer meinem Vater. Meine Schwester geht ständig auf Demonstrationen gegen ...

D1 **Eine Karikatur. Was fällt Ihnen spontan dazu ein? Sprechen Sie.**

Albert Schweitzer (1875–1965), Arzt, Theologe, Musiker und Philosoph; durch sein Engagement für den Frieden wurde er für viele Menschen auf der ganzen Welt zum großen Vorbild

D2 **Was ist ein Vorbild? Schreiben Sie einige Stichworte an die Tafel und sprechen Sie.**

Ein Vorbild ist für mich ein Mensch, der …

anderen helfen
großzügig sein, nicht egoistisch

2 13-16 **D3** **Radio Nordwest**

a Welche Überschriften passen? Hören Sie und ordnen Sie zu. Nur vier Überschriften stimmen.

A Schwimmer das Leben gerettet

B Polizei findet Geld bei Rentner

C Polizist rettet Jungen das Leben

D Nachbarschaftshilfe unterstützt Arme mit 64 000 €

E 64 000 Euro für die Nachbarschaftshilfe

F Gastwirtin kocht für Rentner und Obdachlose

G Warmes Essen und großes Herz

H Ehrlicher Oldenburger liefert Bargeld bei Polizei ab

Gespräch	1	2	3	4
Überschrift				

b Hören Sie noch einmal und kreuzen Sie an: richtig oder falsch?

		richtig	falsch
1	Jeder, der will, kann bei Anna Müller essen.	☐	☐
	Das Essen kostet immer 2,60 Euro.	☐	☐
2	Freunde von Jens informierten Polizei und Feuerwehr.	☐	☐
	Der Junge und der Polizist konnten am nächsten Tag das Krankenhaus verlassen.	☐	☐
3	Eine Kollegin hat im Lotto gewonnen und spendet ein Viertel ihres Gewinns einer Nachbarschaftshilfe.	☐	☐
	Die Spenderin möchte vermutlich nicht genannt werden.	☐	☐
4	Das Geld war im Parkhaus.	☐	☐
	Der Opa hat das Geld bei der Polizei abgegeben.	☐	☐

D4 **Wer ist Ihr persönliches Vorbild? Machen Sie Notizen und erzählen Sie.**

Als ich noch ganz klein war, war mein Vorbild eine Frau in der Nachbarschaft, die immer sehr nett zu uns war. Obwohl es ihr finanziell nicht gut ging, brachte sie uns Kakao und Marmeladenbrote, wenn wir im Hof spielten. Regnete es, konnte ich immer zu ihr in die Wohnung gehen. So wollte ich auch einmal werden, so wie diese Frau.

Mein Vorbild war mein Großvater. Er hatte es in seinem Leben nicht leicht. Und obwohl er im Alter schon fast blind und taub war, war er entschlossen, sein Leben nicht negativ zu sehen, und hatte reges Interesse an allen Ereignissen.

E1 Lesen Sie den Text. Was ist das Problem?

Gewissensfrage

»Eine Freundin, die kein besonders großes Selbstbewusstsein hat, hat sich nach intensiven Überlegungen und Recherchen in verschiedenen Frauenmagazinen dazu durchgerungen, sich ihre langen Haare abschneiden zu lassen. Aber wie das aussieht!! Nun stellt sich mir die Frage, ob ich ihr gegenüber ehrlich zugeben soll, dass mir die neue Frisur nicht gefällt, oder ob ich mich als guter und treuer Freund dafür entscheiden soll, sie in ihrem neuen Auftritt zu bestärken, und die Frisur schönreden soll.«

Alexander S., Hannover

E2 Mögliche Argumente

a Lesen Sie die Argumente (1–8) und ordnen Sie sie den Standpunkten A und B zu.

A Wahrheit sagen	B schönreden = lügen
1	

1 Man hat als Freund die Pflicht, die Wahrheit zu sagen.

2 Auch wenn man dadurch einen Nachteil hat, muss man die Wahrheit sagen.

3 Das Zusammenleben der Menschen funktioniert besser, wenn man auch mal nicht die Wahrheit sagt.

4 Wenn man einem Menschen mit einer kleinen Lüge helfen kann, ist das gut.

5 Eine Frisur ist doch nicht so wichtig, dass man deshalb einen Menschen verletzen sollte.

6 Wenn man wegen einer Frisur lügt, dann muss man später vielleicht immer wieder lügen.

7 Wenn alle Freunde lügen, wird die Freundin immer mit der „falschen" Frisur rumlaufen. Das ist nicht fair.

8 Die Lüge wäre doch nichts anderes als Bequemlichkeit.

b Was würden Sie tun? Entscheiden Sie sich für einen Standpunkt. Haben Sie noch weitere Argumente?

E3 Weitere Gewissensfragen

Arbeiten Sie in Gruppen. Wählen Sie eine Gewissensfrage aus. Entscheiden Sie sich für einen Standpunkt und erläutern Sie ihn mit guten Argumenten.

1 Ihr Kollege surft während der Arbeitszeit stundenlang im Internet. Sie müssen aber bald gemeinsam eine Arbeit fertigstellen und abgeben. Sie fürchten, dass Sie wegen des Verhaltens Ihres Kollegen den Abgabetermin versäumen werden. Was sagen Sie Ihrem Chef?

2 Ihre Mutter hat kürzlich ihren 60. Geburtstag mit einem großen Fest gefeiert, das Sie aber leider ziemlich furchtbar fanden: Die Stimmung war nicht gut, das Essen war schlecht und die Räumlichkeiten waren viel zu klein. Später haben Sie von anderen Gästen erfahren, dass es ihnen auch nicht gefallen hat. Ihre Mutter fragt Sie nun, wie Sie das Fest fanden. Was sagen Sie?

3 Ein Jugendlicher lässt eine leere Kekspackung einfach auf den Boden fallen. Darüber ärgern Sie sich unheimlich. Was tun Sie? Bitten Sie ihn, sie aufzuheben? Oder ignorieren Sie es?

Grammatik

1 Konjunktion: ***seit(dem)***

	Konjunktion	Ende
Er hat Probleme,	**seit(dem)** er hier (= *seit diesem Zeitpunkt*)	lebt.

2 Konjunktion: ***bis***

	Konjunktion	Ende
Ich erledige deine Arbeit,	**bis** du vom Rechtsanwalt (= *bis zu diesem Zeitpunkt*)	zurückkommst.

3 Konjunktion: ***indem***

	Konjunktion	Ende
Das regelt man am besten,	**indem** man sich beraten (= *auf diese Weise*)	lässt.

4 Konjunktion: ***ohne dass / ohne … zu***

	Konjunktion	Ende
Kann ich einen Satz zu Ende bringen,	**ohne dass** du mich	unterbrichst?
Du wirst das nicht regeln können,	**ohne** zum Anwalt	**zu** gehen.

→ ÜG, 10.12

5 Präposition: ***außer*** **+ Dativ**

alle **außer** meinem Vater
(alle, *nur* mein Vater *nicht*)

→ ÜG, 6.04

Wichtige Wendungen

um Hilfe bitten

Ich bin in einer verzweifelten/komischen/unglaublichen/… Situation. • Ich weiß nicht, was ich machen soll. • Ich weiß nicht, wie ich das machen soll. • Sie müssen mir helfen, ich … • Ich weiß nicht mehr weiter.

jemanden beruhigen

Beruhigen Sie sich doch. • Das kann doch jedem mal passieren • Ich bin ganz sicher, dass … • Keine Sorge, ich werde Ihnen (dabei) helfen.

eine Lösung anbieten

Bevor wir Ihnen helfen können / was machen können, brauchen wir noch … • Bis wir …, müssen Sie leider Geduld haben. • Ich habe da eine Idee / einen Vorschlag. • Wie wäre es denn, wenn …?

nachfragen

Jetzt erzählen/sagen Sie erst mal … • Was genau ist denn Ihr Problem? • Seit wann ist …? • Was haben Sie gemacht, bevor …?

sich engagieren

sich für etwas begeistern • sich für etwas einsetzen • sich für etwas engagieren • bei etwas mitmachen

CD2 17-21 **1** **Sehen Sie die Bilder an, lesen Sie die Mitteilungen und hören Sie die Texte. Was meinen Sie? Wer wohnt wo? Ergänzen Sie die Namen.**

A = *Fred*.................... E = ...
B = ... F = ...
C = ... G = ...
D = ... H = ...

Jonas | Hugo | Anne | Kirsten | Cécile | Sebastian | Hermine | ~~Fred~~

2 17-21 **2** **Hören und lesen Sie noch einmal und beantworten Sie die Fragen.**

- a Fred bezahlt die Miete für seine Wohnung ☐ immer pünktlich. ☐ oft zu spät.
- b Jonas ist Freds ☐ Freund ☐ Onkel ☐ Bruder und leiht Fred das Geld ☐ deswegen natürlich. ☐ trotzdem nicht.
- c Sebastian will Kirsten davon überzeugen, dass er ☐ sie ☐ Anne sehr gern mag.
- d Sebastian hat die Beziehung zu .... ☐ telefonisch ☐ per SMS beendet.
- e Kirsten hat Anne gegenüber ☐ ein gutes ☐ ein schlechtes Gewissen. Warum? *Weil …*
- f Cécile ist ☐ eine gute ☐ keine gute Freundin von Anne. Warum?
- g Hugo kann nicht schlafen, weil ....

3 **Was raten Sie Anne, Jonas, Kirsten und Fred?** Anne kann froh sein, dass …

FOLGE 13: *DAS FLUGBLATT*

1 **Sehen Sie die Fotos an und zeigen Sie:**

einen Papierflieger ● ein Flugblatt

2 **Sehen Sie die Fotos an. Was meinen Sie?**

a Foto 2: Lesen Sie das Flugblatt. Was könnte die Frau damit meinen?

Hm, vielleicht fordert sie … | Ich vermute eher, …

b Fotos 6–8: Was machen Nasseer und der Junge?

CD 2 22-29 **3** **Sehen Sie die Fotos an und hören Sie.**

4 Was ist richtig? Kreuzen Sie an.

a Die Frau ist ☐ für ein Bürgerbegehren ☐ für den Stadtrat aktiv.

b Sie fordert ☐ von den Kindereinrichtungen ☐ vom Stadtrat, dass mehr Spielmöglichkeiten für Kinder und Jugendliche angeboten werden.

c Der Junge möchte ☐ das Flugblatt lesen ☐ aus dem Flugblatt einen Papierflieger basteln.

***Bürgerbegehren**, das, -s, -: eine Initiative von Bürgern, die Unterschriften sammelt, um eine politische Entscheidung zu beeinflussen*

***Stadtrat**, der, -s, ¨-e: das Parlament einer Stadt, das über Verwaltung, Planung usw. entscheidet*

5 Beantworten Sie die Fragen.

a Wer ist kinderfreundlicher: die Frau oder Nasseer? Was meinen Sie? Warum?

b Stellen Sie sich vor, die Frau würde Sie auf der Straße ansprechen. Wie würden Sie reagieren?

Ich würde einfach weitergehen.

Das interessiert mich nicht. Dazu kann ich nichts sagen.

Ich finde ihre Forderung sehr vernünftig und deshalb …

Sie sind doch sicher auch für **schönere** Spielplätze!

CD 1 30 **A1**

Ergänzen Sie. Hören Sie und vergleichen Sie.

größte • schönere • größeres • schwierigere

Ein .... Angebot an Spielplätzen ist ja schön und gut, aber ich muss jetzt wirklich das Essen liefern.

In meiner Heimat müssen wir viel .... Fragen lösen.

Das .... Problem ist doch, dass die Eltern in Deutschland für ihre Kinder keine Zeit mehr haben.

Wiederholung
schön
schöner
am schönsten

der	größere	Platz	ein	größerer	Platz
das	größere	Angebot	ein	größeres	Angebot
die	größere	Heimat	eine	größere	Heimat
die	größeren	Plätze	–	größere	Plätze

auch so: der/das/die schönste/schwierigste/...

CD 1 31-33 **A2**

Umfrage: Welche Themen beschäftigen Sie?

a Hören Sie und notieren Sie Stichwörter.

Thema	Meinung
1 Geschwindigkeitsbeschränkung	ist dafür
2	
3	

b Ergänzen Sie in der richtigen Form. Hören Sie dann noch einmal und vergleichen Sie.
tolerant • scharf • hoch • zufrieden • arm • schlecht • hoch

1 ... Höchstgeschwindigkeit 120 Stundenkilometer, ... Verkehrskontrollen und .... Strafen für Temposünder!

2 Verglichen mit anderen Ländern haben wir viel zu viele Verbote. Nirgends gibt's so viele Gesetze wie hier bei uns. Tolerantere............ und .... Menschen – darauf kommt es an!

3 Finden Sie es gut, wenn nur noch die studieren können, deren Eltern ein .... Einkommen haben? Finden Sie es richtig, dass Kinder aus .... Familien .... Ausbildungschancen haben?

A3

Wie ist das bei Ihnen?

Arbeiten Sie in Gruppen: Wählen Sie ein Thema aus A2 oder sprechen Sie über ein Thema, das Sie beschäftigt. Vergleichen Sie auch mit anderen Ländern.

etwas bewerten
Ich bin für/gegen ein Verbot, weil ...
Davon halte ich (nicht) viel, denn ...
Das kann ich nur befürworten/ablehnen.
Ganz meine Meinung.
Meiner Meinung/Ansicht nach ...
In diesem Zusammenhang finde ich auch wichtig ...

etwas vergleichen
Bei uns ... / In ... ist das mit ... genau(so) wie / anders als ...
Das ist bei uns nicht so streng wie ... / strenger als ...
Auch bei ... gibt es strengere Gesetze/Vorschriften.
Das ist hier ganz anders. Der Unterschied ist, dass ...
Verglichen mit ... / Im Gegensatz zu ...
Ich finde es besser so, wie es in ... ist.

Handyverbot in öffentlichen Verkehrsmitteln
Dafür: schadet der Gesundheit, ...
Dagegen: nicht mehr überall erreichbar, ...

B1 Ergänzen Sie.

Initiative „Mehr Fantasie für Kinder"

Hagen. Auf großes Interesse stieß gestern die Bürgerinitiative „Mehr Fantasie für Kinder". Mit einer Flugblatt-Aktion fragten engagiert........ Eltern nach den versprochen*en* Einrichtungen für ihre Kinder. Sie forderten vor allem einen sofortigen Beginn des geplant....... Ausbaus von städtischen Spiel- und Kinderkrippenplätzen und bessere Freizeitmöglichkeiten für die Jugend. Das Büro der Bürgerinitiative in der Sandstraße steht für alle interessiert....... Bürgerinnen und Bürger für Fragen zum Bür...

der	versprochene Ausbau
das	versprochene Flugblatt
die	versprochene Einrichtung
die	versprochenen Einrichtungen
ein	versprochener Ausbau
ein	versprochenes Flugblatt
eine	versprochene Einrichtung
–	versprochene Einrichtungen

B2 Zeitungsmeldungen: Politische Mitbestimmung

a Lesen Sie und ordnen Sie die Meldungen den Fotos zu.

b Ergänzen Sie die Zeitungsmeldungen.

A

B

C

Foto	A	B	C
Text			

1 „Big Jump" in die Limmat

Zürich. Am vergangenen Sonntag sprangen Hunderttausende von Menschen in Europa gleichzeitig ins Wasser! Auch in Zürich beteiligten sich zahlreiche Bürger an dieser Aktion und sprangen gemeinsam in die Limmat. Dieser „Big Jump" war der Auftakt von einer vom „World Wildlife found "(wwf) .... (organisieren) Kampagne zur Rettung der Flüsse. An dieser Kampagne beteiligen sich in der Schweiz schon über 290 Freiwillige. Sie beobachten Flüsse und Bäche in ihrer Umgebung und vermerken positive und negative Veränderungen. Die .... (sammeln) Daten und Hinweise dienen als Grundlage für eine Studie zur Verbesserung der Wasserqualität weltweit.

2 Eppstein. Das Bündnis der Bürgerinitiativen „Kein Flughafenausbau, Nachtflugverbot von 22 bis 6 Uhr" informierte gestern an einem Infostand in der Fußgängerzone über die vor fünf Jahren .... (gründen) Organisation. Die Initiative führt den Protest von allen .... (engagieren) Bürgerinnen und Bürgern des Rhein-Main-Gebietes zusammen, ist überparteilich und unabhängig.

3 Wien. In zahlreichen Supermärkten in Wien und anderen Städten Österreichs verteilten Bürger gestern die von Greenpeace .... (veröffentlichen) Broschüre „Lebensmittel ohne Gentech-Futter". Damit wollen sie über gentechnisch .... (verändern) Lebensmittel aufklären. „Wir möchten dafür sorgen, dass solche Lebensmittel auch weiterhin die Supermarktregale Europas nicht erobern können. Gott sei Dank stoßen wir bei den Menschen auf eine ganz .... (entscheiden) Zustimmung. Es gibt kaum Leute, die uns widersprechen", sagte ein Sprecher der Aktion. „Unserer Ansicht nach dürfen wir uns nicht als Versuchskaninchen der Gentechnik-Industrie missbrauchen lassen!"

c Ergänzen Sie die Informationen aus den Texten.

	Wer protestiert?	Wogegen?/Wofür?	Wo?	Wie?
Text 1			*in der Schweiz*	
...				

d Wie finden Sie die Forderungen der Leute? Diskutieren Sie.

B3 Kurzvortrag

Suchen Sie in einer Zeitung oder im Internet einen aktuellen Bericht oder eine Meldung zu einem Thema, das Sie interessant finden. Notieren Sie die wichtigsten Informationen wie in B2 c und halten Sie darüber einen kurzen Vortrag im Kurs.

CD 2 34

C1 Historische Führung

a Sehen Sie die Fotos an und ordnen Sie die Bildunterschriften zu. Vergleichen Sie im Kurs.

A

B

C

D
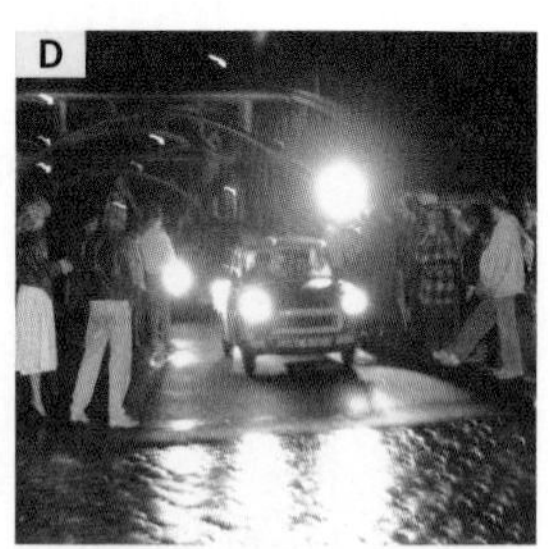
E

F

G

H
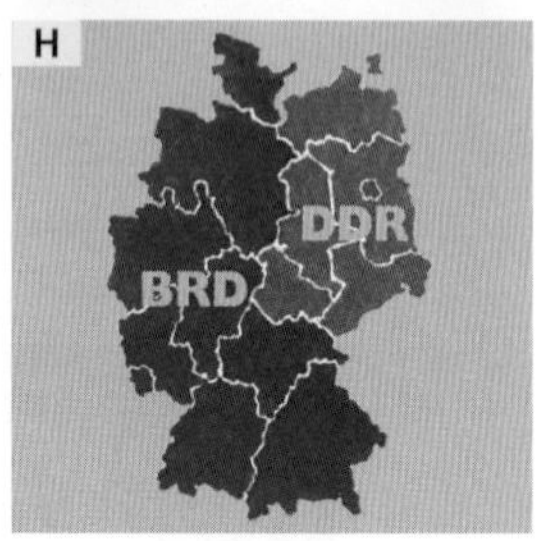

1 Die Grenze zwischen der Bundesrepublik Deutschland und der Deutschen Demokratischen Republik wird geöffnet.
2 Deutschland wird nach dem Zweiten Weltkrieg in vier Besatzungszonen geteilt.
3 Die Mauer in Berlin wird gebaut.
4 Zwei deutsche Staaten werden gegründet.
5 Das Reichstagsgebäude ist Sitz des deutschen Parlaments.
6 Bomben haben Berlin im Zweiten Weltkrieg zerstört.
7 Die Mauer teilt Berlin in Ost und West.
8 Das Bundeskanzleramt ist Sitz des Regierungschefs.

Foto	A	B	C	D	E	F	G	H
Text								

b Hören Sie und bringen Sie die Fotos in die Reihenfolge, wie Sie sie im Text hören.

c Hören Sie noch einmal und kreuzen Sie an: richtig oder falsch?

		richtig	falsch
1	Die Mauer wurde von der DDR-Regierung errichtet.	☐	☐
2	Die vier Siegermächte wussten genau, wie es mit Deutschland nach dem verlorenen Weltkrieg weitergehen sollte.	☐	☐
3	Deutschland wurde in eine amerikanische und eine sowjetische Zone geteilt.	☐	☐
4	Die BRD wurde aus den drei Westzonen gebildet.	☐	☐
5	Die DDR wurde nach sowjetischem Modell gegründet.	☐	☐
6	Berlin wurde die Hauptstadt der beiden deutschen Staaten.	☐	☐
7	Die Bevölkerung in der BRD war sehr unzufrieden mit ihrem politischen System.	☐	☐
8	Nach dem Bau der Mauer konnten die Leute aber trotzdem problemlos hin und her reisen.	☐	☐
9	Der Tag, an dem die Grenzen geöffnet worden sind, wird heute als Nationalfeiertag gefeiert.	☐	☐
10	Berlin ist Hauptstadt des vereinten Deutschlands.	☐	☐

Passiv

heute: Der Nationalfeiertag **wird gefeiert**.
damals: Die Mauer **wurde** 1961 **errichtet**. = Die Mauer **ist** 1961 **errichtet worden**.

C2 Quiz: Fragen Sie und antworten Sie.

H. von Fallersleben
Das Lied der Deutschen
(Deutsche Nationalhymne)
…
Einigkeit und Recht und Freiheit
für das deutsche Vaterland!
Danach lasst uns alle streben
brüderlich mit Herz und Hand!
Einigkeit und Recht und Freiheit
sind des Glückes Unterpfand;
blüh im Glanze dieses Glückes,
blühe, deutsches Vaterland.

der Zweite Weltkrieg beendet • die Bundesrepublik Deutschland und die DDR gegründet • die Mauer errichtet • die Mauer geöffnet • die Wiedervereinigung zum ersten Mal gefeiert • die deutsche Nationalhymne gedichtet • der millionste Gastarbeiter begrüßt • der erste VW-Käfer produziert • das allgemeine Frauenwahlrecht eingeführt

8. Mai 1945 • 1961 • 1949 • 9. November 1989 • 3. Oktober 1990 • 10. September 1964 • Dezember 1945 • 1919 • 1895 • 26. August 1841

Wann wurde der Zweite Weltkrieg beendet?

Wann sind die Bundesrepublik und die DDR gegründet worden?

Ich bin nicht sicher …

C3 Österreich und die Schweiz

Arbeiten Sie in Gruppen und recherchieren Sie.

Gruppe 1: Stellen Sie Österreich vor.

Wie viele Einwohner gibt es? • Wie heißt die Hauptstadt? • Wie ist das Autokennzeichen? • Wann wird der Nationalfeiertag gefeiert? • Welche internationalen Organisationen gibt es dort? • Ist das Land Mitglied der Europäischen Union (EU)? • …

Gruppe 2: Stellen Sie die Schweiz vor.

Wie viele Einwohner gibt es? • Wie heißt die Hauptstadt? • Wie ist das Autokennzeichen? • Wann wird der Nationalfeiertag gefeiert? • Welche internationalen Organisationen gibt es dort? • Ist das Land Mitglied der Europäischen Union (EU)? • …

Gruppe 3: Sehen Sie die Münzen aus Österreich an.

Was ist auf den Abbildungen?

1 Cent

2 Cent

5 Cent

10 Cent

20 Cent

50 Cent

1 Euro

2 Euro

Gruppe 4: Sehen Sie die Münzen aus der Schweiz an.

Was ist auf den Abbildungen?

5 Rappen

10 Rappen

20 Rappen

1/2 Franken

1 Franken

2 Franken

5 Franken

D1 Parteienlandschaft

a Welche Politiker und welche Parteien in Deutschland kennen Sie? Ergänzen Sie.

> Ich kenne den Außenminister von Deutschland. Er heißt …

> Und ich den Bundespräsidenten. Das ist …

b Ordnen Sie zu.

A
DIE LINKE.

B

C

D

E

F

1 Sozialdemokratische Partei Deutschlands ......C......
2 Bündnis 90/Die Grünen ....
3 Christlich-Demokratische Union ....
4 Christlich-Soziale Union in Bayern ....
5 Freie Demokratische Partei ....
6 Linkspartei ....

D2 Politische Farbenlehre

a Welche der Parteien sind wohl in diesen Schlagzeilen gemeint? Sprechen Sie.

Erneuter Landwirtschaftsskandal! Massive Kritik an schwarz-gelber Regierung

Schwarz-rote Regierung gegen Volksentscheid

Der Abwärts-Trend für Rot-Grün hält an

Streit in schwarz-grüner Opposition

b Welche Bedeutung haben die Farben?
Lesen Sie und vergleichen Sie mit Ihren Vermutungen in a.

Farben schaffen Klarheit. Sie sind Erkennungszeichen, Signal und Synonym. Die Kommunisten, später dann auch die Sozialdemokraten, haben den Anfang gemacht: Sie wählten die Farbe Rot, weil die so schön kämpferisch und leidenschaftlich wirkt. Die Konservativen wurden schwarz, weil dies die Farbe der Kirche war. Die Umweltparteien wählten für sich das Grün des Waldes. Wer von den Liberalen spricht, hat meistens die Farbe Gelb im Kopf. (…) Doch außerhalb Deutschlands sind die Liberalen oft alles andere als gelb – nämlich blau. (…) Darum tragen die deutschen Liberalen zusätzlich zur Farbe Gelb auch noch Blau, damit sie auch im Ausland verstanden werden.

D3 Wahl einer Kurssprecherin / eines Kurssprechers

a Arbeiten Sie in Gruppen: Bilden Sie eine Partei, finden Sie ein Symbol oder eine Farbe und überlegen Sie sich ein Wahlprogramm für Ihre Klasse.

Die Erfolgspartei (E.P.)
Noch schneller zur Prüfung mit uns! …

Die Künstlerpartei (Die Künstler)
Unsere Schule soll schöner werden
Mehr Musik! Mehr …

b Wählen Sie aus Ihrer Gruppe eine Kandidatin / einen Kandidaten für das Amt der Kurssprecherin / des Kurssprechers. Sie/Er stellt das Wahlprogramm vor.

> Also, als Kandidatin der Luxuspartei fordere ich, dass eine Cocktailbar gekauft wird. Außerdem …

c Stimmen Sie in einer geheimen Wahl ab.
Jede Wählerin / Jeder Wähler bekommt einen „Stimmzettel". Auf diesen Stimmzettel schreibt sie/er den Namen der Person, die Kurssprecherin / Kurssprecher werden soll. Achtung: Die Parteimitglieder dürfen ihre Stimmen **nicht** für die eigene Kandidatin / den eigenen Kandidaten abgeben. Die Kandidatin / Der Kandidat mit der Mehrheit der Stimmen hat gewonnen.

1 Adjektivdeklination mit dem Komparativ und Superlativ

	Nominativ			Akkusativ			Dativ		
maskulin	der	größere	Platz	den	größeren	Platz	dem	größeren	Platz
	ein	größerer	Platz	einen	größeren	Platz	einem	größeren	Platz
neutral	das	größere	Angebot	das	größere	Angebot	dem	größeren	Angebot
	ein	größeres	Angebot	ein	größeres	Angebot	einem	größeren	Angebot
feminin	die	größere	Heimat	die	größere	Heimat	der	größeren	Heimat
	eine	größere	Heimat	eine	größere	Heimat	einer	größeren	Heimat
Plural	die	größeren	Plätze	die	größeren	Plätze	den	größeren	Plätzen
	–	größere	Plätze	–	größere	Plätze	–	größeren	Plätzen

auch so mit dem Superlativ: der/das/die schönste/schwierigste/...

➝ ÜG, 4.04

2 Partizip Perfekt als Adjektiv

		Partizip Perfekt		
maskulin	der	geplante	Ausbau	Die Stadt hat den Ausbau **geplant**.
	ein	geplanter	Ausbau	
neutral	das	selbst geschriebene	Flugblatt	Die Bürger haben es **geschrieben**.
	ein	selbst geschriebenes	Flugblatt	
feminin	die	versprochene	Einrichtung	Die Stadt hat die Einrichtung **versprochen**.
	eine	versprochene	Einrichtung	
Plural	die	engagierten	Eltern	Die Eltern sind sehr **engagiert**.
	–	engagierte	Eltern	

➝ ÜG, 4.05

3 Passiv Präteritum

		Position 2		Ende
Singular	Die Mauer	**wurde**	1961	**errichtet**.
Plural	Die zwei deutschen Staaten	**wurden**	1949	**gegründet**.

➝ ÜG, 5.13

4 Passiv Perfekt

		Position 2		Ende
Singular	Die Mauer	**ist**	1961	**errichtet worden**.
Plural	Die zwei deutschen Staaten	**sind**	1949	**gegründet worden**.

➝ ÜG, 5.13

Wichtige Wendungen

etwas vergleichen

Bei uns ... / In ... ist das mit ... genau(so) wie / anders als ... • Das ist bei uns nicht so streng wie ... / strenger als ... • Auch bei ... gibt es strengere Gesetze/Vorschriften. • Das ist hier ganz anders. Der Unterschied ist, dass ... • Verglichen mit ... / Im Gegensatz zu ... • Ich finde es besser so, wie es in ... ist.

etwas bewerten

Ich bin für/gegen ein Verbot, weil ... • Davon halte ich (nicht) viel, denn ... • Das kann ich nur befürworten/ablehnen. • Ganz meine Meinung. • Meiner Meinung/Ansicht nach ... • In diesem Zusammenhang finde ich auch wichtig, ...

13 Warum hat Lise Meitner keinen Nobelpreis bekommen?

1 **Lesen Sie die Texte und bringen Sie die Puzzleteile in die richtige Reihenfolge.**

Text	1	2	3	4	5	6	7	8	9	10
Puzzle	*E*									

2 **Welche Geschehnisse des 20. Jahrhunderts entdecken Sie in der Biografie von Lise Meitner?**

Anfang 20. Jh.	
20er-Jahre	
30er-Jahre	

3 **Was meinen Sie? Was sind die Hauptgründe dafür, dass Lise Meitner keinen Nobelpreis bekommen hat?**

Ich vermute, die wichtigste Rolle spielt …

Der Hauptgrund ist wahrscheinlich …

Meinst du wirklich? Ich glaube eher, dass …

CD 2 35

1 **Was hören Sie? Ordnen Sie zu.**

A argentinischer Tango B Jodeln C indische Musik

Musik	A	B	C
Hörbeispiel			

2 **Was passt? Ordnen Sie zu.**

Bayern

Neuschwanstein

die Alpen

der Tadsch Mahal

☐ ein großes Gebirge in Mitteleuropa
☐ eine berühmte indische Grabstätte (Mausoleum)
☐ ein sehr bekanntes und beliebtes Schloss in Bayern, erbaut vom „Märchen-König" Ludwig II.
☐ das größte und südlichste Bundesland in Deutschland

3 **Was ist das? Ordnen Sie zu und suchen Sie die Dinge auf den Fotos 1–8.**

Bild	A	B	C	D
Erklärung				

A

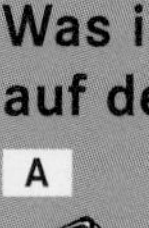

B

C
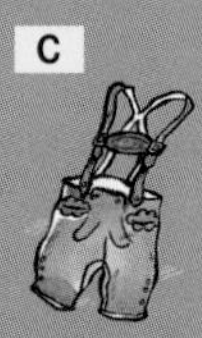

D

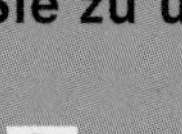

1 der Turban: *ein langer Schal, den sich Männer um den Kopf wickeln*

2 die Lederhose: *eine kurze Hose aus Leder, die traditionell in den Alpen getragen wird/wurde.*

3 der „Gamsbart“: *die Haare einer Gämse (Tier, das in den Alpen lebt), die als Hut-Schmuck benutzt werden*

4 das Dirndl: *ein typisches Kleid, das traditionell in den Alpen getragen wird/wurde*

2 36-43 **4** **Sehen Sie die Fotos an und hören Sie.**

5 **Nasseer erzählt seinen Traum einem Freund. Was sagt er?**

Lederhose • Dirndl • jodeln • Jodelkönig • etwas Seltsames passiert • Gamsbart • Turban • Musik

6 **Welche Bedeutung haben Bayern und Indien in Nasseers Traum? Was meinen Sie?**

A1 Ihre „persönliche" Deutschlandkarte

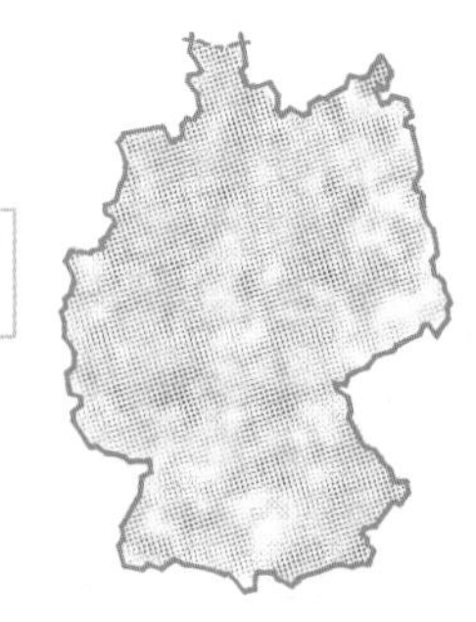

a Was verbinden Sie mit Deutschland? Machen Sie Notizen.

Wetter ● Essen und Trinken ● Gastfreundschaft ● Familie ● Wohnen ● Verkehr ● Tierliebe ● ...

b Was kennen Sie in Deutschland? Zeichnen Sie oder schreiben Sie.

c Unterhalten Sie sich in Gruppen über Ihr Bild von Deutschland.

CD 2 44-49 | A2

Die Bundesländer

a Über welches Bundesland sprechen die Personen?
Hören Sie. Vergleichen Sie dann mit der Karte und ergänzen Sie.

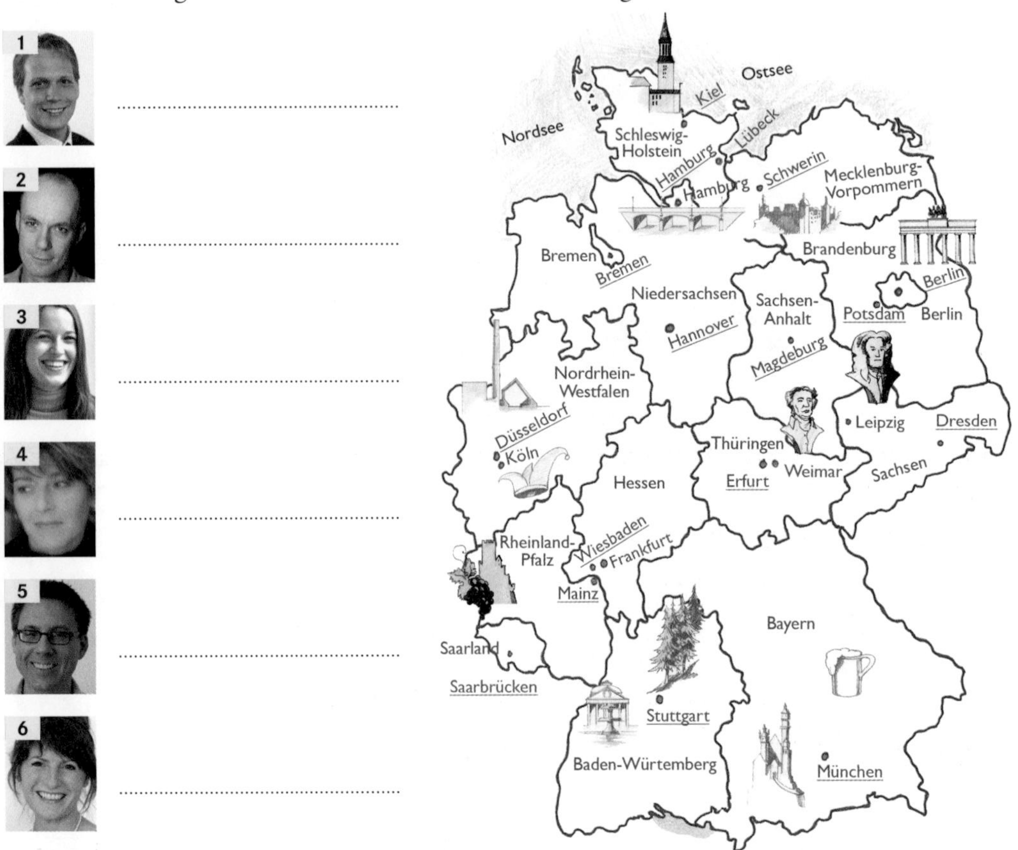

b Hören Sie noch einmal und sammeln Sie möglichst viele der Informationen, die über die Bundesländer gegeben werden.

A3 Eine Freundin / Ein Freund aus Deutschland besucht Sie zum ersten Mal in Ihrem Heimatland.

a Arbeiten Sie in Gruppen: Was würden Sie Ihrem Besuch in Ihrer Gegend gern zeigen? Was sollte er über Ihr Land wissen? Machen Sie ein Programm und notieren Sie wichtige Informationen.

b Berichten Sie im Kurs.

- Wie viele Einwohner hat ...?
- Wie ist die Landschaft?
- Was gibt es dort Besonderes?
- Wie sprechen die Menschen?
- Wie sind die Menschen?
- Wie leben die Menschen?

Die Menschen sprechen zwei Sprachen, nämlich ...

Das Land hat ... Einwohner.

Das Land grenzt im ... an ...

Besonders daran ist, ...

B1 **Arbeiten Sie zu zweit. Fragen Sie Ihre Partnerin / Ihren Partner, notieren Sie die Antworten und berichten Sie.**

a In welchen europäischen Ländern waren Sie schon einmal?
b Wo in Europa haben Sie Verwandte oder Freunde?
c Welche europäischen Länder würden Sie gern kennenlernen? Warum?

B2 **Was fällt Ihnen sonst noch zum Thema Europa ein? Arbeiten Sie in Gruppen und machen Sie Notizen.**

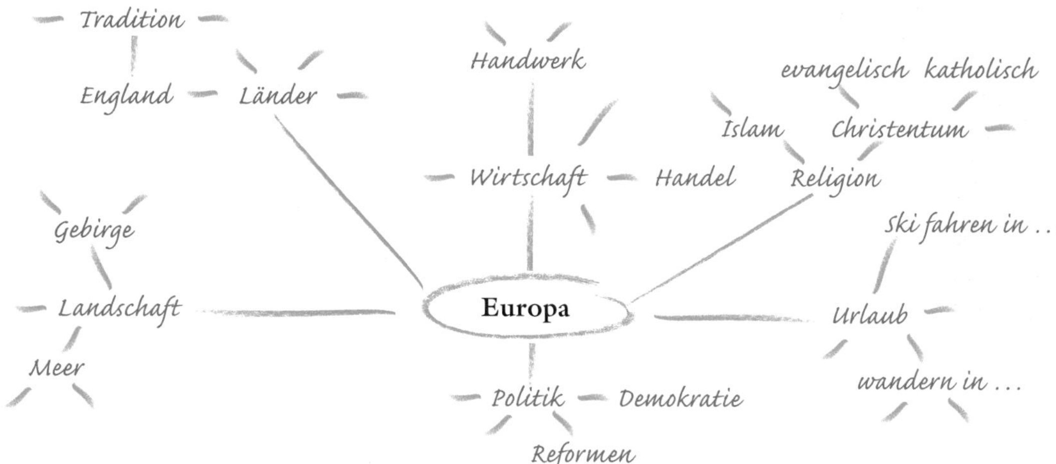

2 50-54 **B3** **Lesen Sie den Text und hören Sie eine Umfrage. Worüber sprechen die Personen? Kreuzen Sie an.**

Die Europäische Union

1992 Der Vertrag von Maastricht symbolisiert den Beginn der heutigen Europäischen Union.
1995 Die EU wächst von 12 auf 15 Mitglieder. Innerhalb der EU gibt es keine Grenzkontrollen mehr.
2002 Der Euro wird in 12 europäischen Ländern offiziell eingeführt.
2004 Die EU wächst auf 25 Staaten.
2007 Mit Bulgarien und Rumänien gehören 27 Staaten zur EU.

Umfrage: Woran denken junge Deutsche bei Europa?	1	2	3	4	5
eine gemeinsame Währung					
hohe Kosten					
politische Zusammenarbeit					
weniger Autonomie der einzelnen Länder					
offene Grenzen, mehr Reisefreiheit					
Schwierigkeiten, gemeinsam Entscheidungen zu treffen					

B4 **Länder raten**

Arbeiten Sie in Gruppen: Beschreiben Sie ein europäisches Land. Die anderen raten, von welchem Land Sie sprechen.

Das Land liegt im Norden.
Es ist nicht in der EU ...

C1 **Welche Schlagzeilen passen? Ordnen Sie zu.**

Text	1	2	3	4
Schlagzeile				

A Auf Gomera wird gepfiffen
B Mann in Tomatensoße ertrunken
C Jodel-Grundkurs im WWW
D Tomatenfestival Tomatina
E Neue Pfeifsprache erfunden
F Jodelkönig in nur drei Wochen!
G Meisterschaft im Ehefrauen-Tragen
H Test für zukünftige Ehefrauen

1

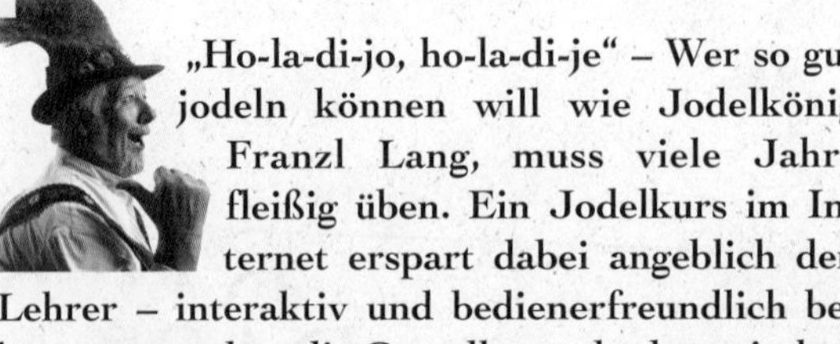

„Ho-la-di-jo, ho-la-di-je" – Wer so gut jodeln können will wie Jodelkönig Franzl Lang, muss viele Jahre fleißig üben. Ein Jodelkurs im Internet erspart dabei angeblich den Lehrer – interaktiv und bedienerfreundlich bekommt man dort die Grundlagen der bayerischen Gesangskunst erklärt. In fünf Lektionen kann der Jodelschüler Schritt für Schritt die Kunst des Jodelns erlernen und nebenbei zahlreiche Gleichgesinnte aus aller Welt im Internet treffen. Nähere Informationen gibt es unter www.jodelkurs.im Netz.

2

Jedes Jahr am letzten Mittwoch des Monats August wird im spanischen Buñol das „Fest der Tomate" (= Tomatina) gefeiert. Über 40.000 Menschen nehmen an der Tomaten-Schlacht teil und bewerfen sich auf der Straße gegenseitig mit reifen Tomaten. Aber in der mehr als 50-jährigen Geschichte des Tomaten-Festes ist noch niemand in der Tomatensoße ertrunken.

3

Auf der spanischen Kanareninsel ist die Pfeifsprache „El Silbo" Unterrichtsfach. El Silbo (spanisch: der Pfiff) bezeichnet die Pfeifsprache der Guanchen, der Ureinwohner der Insel La Gomera. Diese einzigartige Form der Kommunikation existiert nur auf dieser Insel vor der Küste Marokkos und soll als Weltkulturerbe vor dem Aussterben bewahrt werden.

4

In Sonkajärvi im Osten Finnlands findet der 250-Meter-Hindernislauf statt, bei dem jeder Teilnehmer seine Ehefrau auf dem Rücken tragen muss. Dem Gewinner wird das Gewicht der Frau in Bier ausgezahlt. Die Ehefrauen müssen über 17 Jahre alt sein und mehr als 49 Kilo wiegen. 15 Strafsekunden sind vorgesehen, wenn jemand seine Frau fallen lässt.

C2 **Lesen Sie einen Text genau und berichten Sie Ihrer Partnerin / Ihrem Partner darüber. Machen Sie sich vorher Notizen zum Text.**

C3 **Berichten Sie über ein besonderes oder kurioses Fest oder einen interessanten Brauch.**
Recherchieren Sie im Internet und suchen Sie ein Fest, das Sie interessant finden. Machen Sie Notizen und berichten Sie dann. Vielleicht finden Sie auch schöne Fotos.

In Ungarn werden die Mädchen von den Jungen am Ostermorgen mit Wasser nass gespritzt. Statt Wasser wird heute häufig Parfüm verwendet. Die Jungen bekommen dafür ein rotes Osterei.

Osterfest in Ungarn

Leonhardi-Ritt in Bayern

Domtreppen-Fegen in Bremen

D1 Meine Heimat

a Wie kann man das Wort „Heimat“ in Ihre Sprache übersetzen?

b Welche Farben symbolisieren Ihre Heimat? Warum?

c Was verbinden Sie persönlich mit dem Wort „Heimat“?
Lesen Sie die Fragen und die Begriffe. Schließen Sie die Augen und denken Sie nach. Machen Sie sich dann Notizen und berichten Sie im Kurs.

- Was sehen Sie?
- Was riechen Sie?
- Was hören Sie?
- Was fühlen Sie?

Essen ● Familie ● Landschaft ● Freunde ● Musik ● Orte ● Sprache ● …

Wenn ich an die Landschaft in meiner Heimat denke, dann denke ich an die weiten Kornfelder im Sommer, ich sehe die Bauern bei der Ernte vor mir, meine Mutter, wenn sie die Pflaumen pflückt …

Ich bekomme Heimweh, wenn ich an meine Oma denke, an ihre selbst gemachte Limonade, an ihre leckeren Pfannkuchen mit Aprikosenmarmelade …

Ich denke an unsere Wälder im Herbst. Das Aroma der Pilze ist …

Für mich sind das die Wiesen, ich rieche das frische Gras …

D2 „Heimat ist für mich …“ Lesen Sie die Reportage und beantworten Sie die Fragen.

- Welche Assoziationen aus D1 kommen vor? Gerüche, Bilder, Geräusche, Gefühle?
- Welche Person hat ein ähnliches Heimatgefühl wie Sie?

Wer weiß heute noch genau, wohin er gehört – im Zeitalter von Mobilität und Emigration? Ist „Heimat“ der Ort, wo man seinen Wohnsitz hat, oder jener, an dem man verstanden wird? Oder ist es vielleicht gar kein Ort mehr, sondern nur noch ein Gefühl? In WELT am SONNTAG geben bekannte Persönlichkeiten Antworten auf diese wichtige Frage.

Vural Öger, Gründer der Fluggesellschaft Öger-Tours, SPD-Mitglied und Abgeordneter im Europäischen Parlament. Seit 1990 deutsche Staatsangehörigkeit.

„Heimat ist für mich ein Gefühl und nichts Greifbares. Ich habe zwar zwei Drittel meines Lebens in Deutschland verbracht, aber wenn ich an Heimat denke, dann kommen mir immer sofort Bilder aus meiner Kindheit in den Kopf. Meine Familie lebte in Ankara und ich sehe unseren Garten vor mir mit dem riesigen Apfelbaum. Der Geruch gebratener Auberginen liegt in der Luft, meine Mutter sitzt an der Nähmaschine, wir Kinder spielen im Haus und im Garten. Unsere Familie, die abends zusammensitzt, Nachbarn kommen vorbei, man unterhält sich, scherzt und lacht. Heimat – das ist tief verwurzelt in meiner Kindheit. Auch wenn ich Berlin, Hamburg oder Istanbul lieben gelernt habe, nie wieder habe ich ein solches Heimatgefühl gehabt wie in glücklichen Kindheitstagen.“

Iris Berben, bekannte deutsche Schauspielerin

„Zu Hause hat für mich sehr viel mit vertrauten Menschen zu tun und nicht unbedingt mit Orten. Wenn ich heute nach Hamburg komme, wo ich aufgewachsen bin, wenn ich Schiffe, das Wasser und den Hafen sehe, geht mir das Herz auf. Aber ist das Heimat? Nein, denn ich kenne dort nicht viele Menschen. Ich wohne auch gerne in unserem Haus in München. Oder ich bin in New York und fühle mich dort zu Hause. Fahre ich nach Israel, denke ich: Das ist meine Heimat. Die orientalischen Gerüche faszinieren mich. Auch Berlin ist spannend, denn Berlin ist Geschichte. Dort sind unsere Wurzeln, die Stadt ist ein Teil unserer Identität. So wechsle ich ständig meine Heimatgefühle – je nachdem, an welchem Ort ich gerade bin.“

D3 Machen Sie eine kleine „Kurszeitung“. Schreiben Sie ähnliche Texte zu der Frage „Was ist Heimat für mich?“.

E1 Ein Tag in der Zukunft

a Lesen Sie den Text und ergänzen Sie die Jahreszahl.
1950 ● 2005 ● 2015 ● 2050

b Was meinen Sie? Was passiert wann und wo? Lesen Sie den Text noch einmal und machen Sie einen Zeitplan.

Europa ....: Ein Tag in meinem Leben

Eine Schweizer Uhr weckt mich um 6 Uhr. Ich esse schnell meine französischen Croissants und gehe duschen. Aus der Dusche fließt Mineralwasser aus Vichy. Drei Stunden später buche ich noch einen Flug nach Athen, wo mein Mann und ich am Abend um 20:30 Uhr ein Konzert besuchen: Ein griechischer Künstler singt deutsche Volkslieder.

Zuerst kommt aber noch meine normale Arbeit. Ich gehe zu Fuß, obwohl es mit dem Auto viel schneller wäre. Wir sind aber so umweltfreundlich.
Unterwegs bringe ich die Kinder zum Flughafen, denn sie besuchen den Kindergarten in Berlin. Wir wohnen in Polen, in Krakau, haben aber zwei Ferienhäuser: eines in Kroatien und eines in Norwegen.

Die Kinder sollen die Schule in England besuchen, aber die Wahl steht ihnen frei. Zum Mittagessen, so gegen eins, treffen wir uns alle wieder. Diesmal in Italien, in Venedig – da waren die Kinder noch nicht. Wir werden dort eine kurze Gondelfahrt machen. Die Zeit vergeht viel schneller als früher.
Danach, so etwa um 15 Uhr, fliege ich mit meinem Mann nach Polen zurück und die Kinder gehen zum Italienischunterricht. Vor unserem Abflug nach Athen ist ein Familientreffen: Um halb sieben sitzen wir alle zusammen beim Abendessen. Es gibt Paella, ein Rezept von meiner besten Freundin. Ihr Vater ist Spanier und ihre Mutter Ungarin. Wir machen Pläne für den nächsten Tag. Vielleicht ein Spaziergang auf den Champs-Élysées?

6 Uhr in Polen: Schweizer Wecker klingelt
Frühstück (französische Croissants)
duschen
ca. 9 Uhr in Polen: Flug buchen

c Was meinen Sie? Ist so eine Zukunftsvision realistisch? Würden Sie gern so leben?

E2 Welche Elemente/Dinge in Ihrem heutigen Leben stammen ursprünglich aus anderen Ländern? Machen Sie Notizen.

Italien: Pizza, Schweiz: Uhr
Indien: Curry, Schweden: Möbel, ...

E3 Meine persönliche Zukunft

a Wenn Sie in Zukunft in mehreren Ländern gleichzeitig leben könnten: Welche Länder wären das? Was würden Sie gern noch aus anderen Ländern übernehmen? Warum?

b Wie möchten Sie in zehn oder zwanzig Jahren leben?

Ich möchte ...
Auf keinen Fall möchte ich ...
Vielleicht wird es ja ...
Wie gern würde/hätte/wäre ich ...
Ich wünsche mir, dass ...
Am liebsten wäre es mir, wenn ...
Hoffentlich ...

Wichtige Wendungen

ein Land beschreiben

Das Land hat ... Einwohner. •
Das Land grenzt im Norden/Osten/Westen/Süden an Italien / ans Meer/ ... •
Es liegt im Norden/Osten/Westen/Süden. •
Es liegt (nicht) in der EU. •
Die Menschen sprechen zwei Sprachen, nämlich ... •
Besonders daran ist ...

über etwas berichten

In Ungarn werden am Ostermorgen ... •
Jedes Jahr wird am ... / im ... gefeiert. •
In ... findet ... statt. •
Über ... Menschen nehmen teil.

über die Heimat sprechen

Wenn ich an die Landschaft in meiner Heimat denke, dann ... •
Für mich sind das ..., ich rieche ... •
Ich bekomme Heimweh, wenn ich an ... denke. •
Ich sehe ... vor mir. •
Der Geruch von ... liegt in der Luft. •
Wenn ich an Heimat denke, dann kommen mir Bilder aus meiner Kindheit in den Kopf. •
Zu Hause hat für mich sehr viel mit ... zu tun. •
Wenn ich nach ... komme, (wo ich aufgewachsen bin,) geht mir das Herz auf•
Ich wechsle ständig meine Heimatgefühle, je nachdem, an welchem Ort ich gerade bin.

über Zukunftswünsche sprechen

Ich möchte ... •
Auf keinen Fall möchte ich ... •
Vielleicht wird es ja ... •
Wie gern würde/hätte/wäre ich ... •
Ich wünsche mir, dass ... •
Am liebsten wäre es mir, wenn ... •
Hoffentlich ...

Alexander Keller

Franz Specht

Daniela Niebisch

Nein, keine Sorge! Dies ist nur das Ende von *Schritte international.* Sechs Bände lang haben Sie Lektion für Lektion fleißig gelernt und können nun, wenn Sie möchten, die Prüfung für das *Zertifikat Deutsch* ablegen. Dazu drücken wir Ihnen ganz fest die Daumen!

Isabel Krämer-Kienle

Sylvette Penning-Hiemstra

Wir, das sind die Leute, die *Schritte international* für Sie machen durften – eine Aufgabe, an der wir große Freude hatten. Wir hoffen, dass Ihnen der Einstieg in die deutsche Sprache mit diesem Lehrwerk viel Spaß und nicht so viel Mühe gemacht hat.

Marlene Kern

Susanne Kalender

Andreas Tomaszewski

Anne Robert

Barbara Gottstein-Schramm

Anja Schümann

Sprachen zu lernen, ist ein guter Weg, mehr miteinander und weniger übereinander zu reden. Mehr als eine Sprache zu beherrschen, bedeutet, die Welt aus verschiedenen Blickrichtungen sehen und auf eine neue Art denken zu können.

Dörte Weers

Marion Kerner

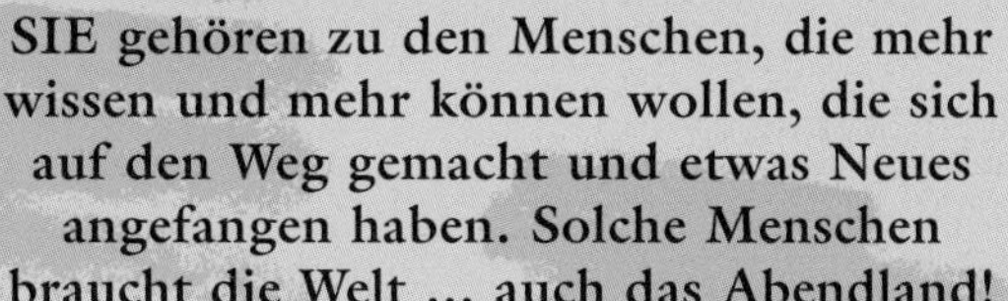

SIE gehören zu den Menschen, die mehr wissen und mehr können wollen, die sich auf den Weg gemacht und etwas Neues angefangen haben. Solche Menschen braucht die Welt ... auch das Abendland!

Jutta Orth-Chambah

Silke Hilpert

Fragebogen: Was kann ich schon?

	Das kann ich sehr gut.	Das kann ich.	Das übe ich noch.
Hören			
Ich kann in den Erzählungen anderer wichtige Details verstehen: *Mein Vorbild war mein Großvater. Obwohl er im Alter schon fast blind und taub war, hatte er ein reges Interesse an allen Ereignissen. ...*			
Ich kann wichtige Einzelinformationen in Radiosendungen verstehen: *64 000 Euro für die Nachbarschaftshilfe. ...*			
Ich kann wichtige Aussagen und Informationen in Kurzvorträgen und Präsentationen verstehen, z.B. bei einer Stadtführung: *Ich werde Ihnen Bilder zeigen und ein paar Informationen dazu geben, vor allem zur Geschichte Berlins seit dem Zweiten Weltkrieg. ...*			
Ich kann die Argumentation zu einem aktuellen oder bekannten Thema verstehen: *Es gibt auch eine Seite, die eher negativ ist an der EU. Ich denke dabei daran, was das alles so kostet. ...*			
Lesen			
Ich kann Ratgebertexte verstehen, z.B. zum Thema Partnerschaft: *Ihre Partnerin oder Ihr Partner hat die Beziehung beendet. Hier ein paar nützliche Tipps, wie das Leben „danach" weitergehen kann.*			
Ich kann Anleitungen verstehen, z.B. für Spiele oder bei der Gepäckaufbewahrung am Bahnhof: *Bilden Sie zwei Mannschaften. ... / Grüne Taste drücken. ...*			
Ich kann Kurzgeschichten und Erzählungen lesen: *Reif für den Wertstoffhof / Andere Sitten*			
Ich kann in Anzeigen das passende Angebot finden: *Tanzkreuzfahrt in der Karibik / Grenzenlos – Tauch- und Unterwasserzentrum*			
Ich kann die wichtigsten Informationen in informierenden Texten verstehen, z.B. über Rechtsberatung oder gutes Benehmen: *Immer mehr Menschen suchen in dieser schnelllebigen Zeit auch schnelle Lösungen für ihre Probleme. Deshalb gibt es inzwischen auch für rechtliche Fragen „Online-Anwälte".*			
Ich kann für einen Kurzvortrag die gewünschten Informationen in Zeitungstexten finden: *Am vergangenen Sonntag sprangen Hunderttausende von Menschen in Europa gleichzeitig ins Wasser!*			
Sprechen			
Ich kann mit anderen etwas planen und organisieren: *Während du einkaufen gehst, kann ich ja ...*			
Ich kann etwas erklären: *Sehen Sie, zuerst müssen Sie hier ...*			
Ich kann Verständnis zeigen: *Mir geht es (manchmal) genauso.*			
Ich kann erstaunt oder kritisch reagieren: *Das gibt's doch gar nicht.*			
Ich kann einen Rat geben: *Ehrlich gesagt, das würde ich ...*			
Ich kann ein Problem beschreiben und mich beschweren: *Es war abgemacht, dass ... Ich musste nun leider feststellen ...*			

	 Das kann ich sehr gut.	 Das kann ich.	Das übe ich noch.
Ich kann mich entschuldigen: *Tut mir leid, das ist mir wirklich unangenehm. / Es war keine Absicht.*			
Ich kann versuchen, jemanden zu überreden: *Können Sie nicht mal ein Auge zudrücken?*			
Ich kann zeigen, dass ich eine Entschuldigung nicht akzeptiere: *Das kommt nicht in Frage.*			
Ich kann meine Meinung sagen und Argumente für meinen Standpunkt nennen: *Ich finde es unmöglich, wenn Paare sich in der Öffentlichkeit streiten, denn ... / Wenn man wegen einer Frisur lügt, muss man später vielleicht immer wieder lügen.*			
Ich kann um Hilfe bitten: *Sie müssen mir helfen. Ich weiß nicht mehr weiter.*			
Ich kann um weitere Informationen bitten, indem ich nachfrage: *Was genau ist denn Ihr Problem?*			
Ich kann jemanden beruhigen: *Beruhigen Sie sich doch.*			
Ich kann meine Hilfe anbieten: *Ich habe da eine Idee / einen Vorschlag.*			
Ich kann von eigenen Erfahrungen zu verschiedenen Themen berichten: *In meiner Familie engagieren sich alle. / Als ich noch ganz klein war, war mein Vorbild eine Frau in der Nachbarschaft.*			
Ich kann etwas bewerten: *Davon halte ich nicht viel, denn ...*			
Ich kann etwas vergleichen: *Verglichen mit ... / Im Gegensatz zu ...*			
Ich kann einen kurzen Vortrag halten, z.B. über mein Heimatland oder über ein aktuelles Thema aus der Zeitung: *Ich komme aus ... Das Land hat ... Einwohner. ...*			
Ich kann über Träume und Ziele sprechen: *Wie gern würde ich ...*			

Schreiben

Ich kann schriftlich auf eine Anzeige antworten und Informationen über mich geben: *Liebe/r ..., Deine Anzeige hat mir sehr gut gefallen, denn auch ich ...*			
Ich kann einen Kommentar schreiben: *Liebe/r ..., grundsätzlich würde ich Dir ja zustimmen, aber ...*			
Ich kann eine strukturierte, lineare Geschichte verfassen: *Der 10. Oktober war für Arthur ein ganz besonderer Tag. ...*			
Ich kann mich schriftlich beschweren und die Gründe für die Beschwerde nennen: *Sehr geehrte Damen und Herren, am 02.06. haben wir bei Ihnen eine Deutschlandreise gebucht. ...*			
Ich kann schriftlich meinen Standpunkt darlegen, z.B. in einem Leserbrief: Sehr geehrte Damen und Herren, ich beziehe mich auf Ihre Talkshow „Gutes Benehmen – ist das noch aktuell?" ...			
Ich kann schriftlich einen Rat geben: *Liebe/r ..., das ist wirklich nicht einfach. Ich finde, Sie sollten ...*			
Ich kann schriftlich Träume, Gefühle und Wünsche beschreiben, z.B. in einem Brief an einen Politiker: *Sehr geehrte/r Frau /Herr ..., ich bin sehr enttäuscht von ... Ich wünsche mir, dass ...*			

Inhalt Arbeitsbuch

Du sollst jetzt **Schach** spielen!

A2 Wiederholung

1 Sätze, Sätze, Nebensätze

a Nach welchen Konjunktionen steht das Verb am Ende des Satzes? Unterstreichen Sie.

trotzdem ● wenn ● deshalb ● weil ● dass ● aber ● als ● denn ● deswegen ● obwohl ● damit

b Ergänzen Sie die passenden unterstrichenen Konjunktionen aus a.

1 *Wenn* .... ihr das Wort erratet, bekommt ihr einen Punkt.
2 Ich habe sehr gern „Monopoly“ gespielt, ... ich noch ein Kind war. Heute macht es mir keinen Spaß mehr.
3 Und du versprichst, ... ich einen Kuss von dir bekomme, wenn ich das Spiel gewinne?
4 Das Spiel hat Spaß gemacht, ... die ganze Zeit klar war, dass wir verlieren.
5 Nein, Klara, du bekommst keinen Punkt! Ich bekomme den Punkt, ... ich die richtige Antwort wusste, und nicht du.

A2

2 Was ist richtig? Kreuzen Sie an.

		weil	falls	als	
a	Ich sehe mir heute Abend den Krimi im Fernsehen an,	x			ich spannende Filme mag.
b	Bitte sag mir Bescheid,				du die ganze Arbeit nicht allein schaffst. Dann komme ich und helfe dir.
c	Du darfst nur ins Wörterbuch schauen,				du das Wort wirklich nicht kennst.
d	Ich besuche dich ganz oft,				du wirklich ins Krankenhaus musst.
e	Ich mag das Spiel so gern,				es einfach immer so lustig ist.
f	Sabine hat sich sofort in Ralf verliebt,				sie ihn zum ersten Mal gesehen hat.

A2

3 Schreiben Sie Sätze mit *falls*.

a regnen – Schirm mitnehmen (ich): *Falls es regnet, nehme ich den Schirm mit.*
b gewinnen (du) – zum Essen einladen (ich):
....
c mit Freundin schwimmen gehen (er) – morgen Sonne scheinen:
....
d Samstag schlechtes Wetter sein – nicht Fußball spielen können (wir):
....
e wieder funktionieren (Computer) – nächste Woche E-Mail schicken (ich):
....

A2

4 Schreiben Sie die Sätze zu Ende. Verwenden Sie *als, dass, damit, obwohl, falls.*

sie noch zu Hause haben ● eigentlich für die Prüfung lernen müssen ● mich im Urlaub in Berlin auf Deutsch unterhalten können ● mich mit dem Auto abholen ● am Samstag Fußball gespielt haben

a Petra geht in die Disco, *obwohl sie eigentlich für die Prüfung lernen muss*.
b Peter hat sich den Arm gebrochen, ...
c Ich lerne jetzt Deutsch, ...
d Kannst du mir die CD von *Schritte international 1* morgen mitbringen, ...
.... ? Meine Schwester möchte jetzt auch Deutsch lernen.
e Es ist wirklich nicht nötig, ...
Ich kann auch mit dem Bus fahren!

Prüfung **5** **Was ist richtig? Kreuzen Sie an.**

Lieber Thomas,

ich reise jetzt ......0....... drei Monaten durch Deutschland und ich habe schon viel gesehen. Am ......1....... hat mir bis jetzt Berlin gefallen. Ich habe mir den Reichstag mit seiner riesigen Glaskuppel angesehen, wie Du es mir empfohlen hast. Von dort hat man wirklich einen tollen Blick ......2....... die Stadt. Aber es war sehr voll dort und ich musste lange warten, ...3....... hineinzukommen. ......4....... habe ich mich zuerst ziemlich geärgert, Du kennst mich ja, ich bin so ungeduldig!
Doch das Warten hat sich auch aus einem anderen Grund wirklich ......5....... : Im Reichstag habe ich nämlich Maria kennengelernt. Sie ist Italienerin, spricht nur schlecht Deutsch und ist sehr unsicher. ......6....... reisen wir jetzt zusammen weiter. Ich muss ......7....... meine Reisepläne etwas ändern, aber zu zweit macht es viel mehr Spaß!
Ich glaube fast, dass ich ......8....... ein bisschen in sie verliebt habe. ......9....... Du ihr Lachen sehen könntest, würdest Du mich verstehen!
Jetzt sitzen Maria und ich gerade im Zug ......10....... Koblenz. Dort gibt es das „Deutsche Eck" – keine Ahnung, was das ist. Wenn ich es weiß, schreibe ich Dir wieder.

Viele Grüße
Dein Mikis

Beispiel:

0 [x] seit [ ] b um [ ] c bis

1 [ ] a meisten [x] b besten [ ] c schönsten

2 [ ] a unter [ ] b neben [x] c auf

3 [ ] a statt [x] b um [ ] c ohne

4 [x] a Darüber [ ] b Darauf [ ] c Daran

5 [ ] a lohnt [ ] b lohnen [x] c gelohnt

6 [ ] a Trotzdem [ ] b Dann [x] c Deshalb

7 [x] a zwar [ ] b nicht nur [ ] c entweder

8 [x] a mich [ ] b mir [ ] c mein

9 [ ] a Als [x] b Wenn [ ] c Weil

10 [ ] a zu [x] b nach [ ] c bis

B2

6 Das Du anbieten

a Was passt? Überfliegen Sie die Gespräche und ordnen Sie sie den Bildern zu.

Bild	A	B	C
Text			

1 ● Ich darf euch Frau Yang vorstellen. Sie wird ab heute an diesem Kurs teilnehmen. Also, Frau Yang, wir sagen ...., und ...., dann können wir uns auch gern duzen. Ich heiße Kai.
▲ Oh, das finde ich sehr gut. Ich heiße Lin.

2 ■ Entschuldigen Sie, sind Sie nicht die Mutter von Christian?
▲ Richtig. Und Sie?
■ Ich bin der Vater von Hella.
▲ Das ist aber nett, dass ich Sie mal kennenlerne. Christian erzählt ganz oft von Hella.
■ Ja, die beiden verstehen sich wohl sehr gut. ...., wenn wir uns duzen würden?
▲ .... Susanne.

3 ■ Tja, Silke, jetzt kennen wir uns schon so lange. ...., wenn wir uns endlich duzen, jetzt, wo ihr heiratet. Also, ich heiße Heinz und das ist Edeltraut.
◆ Oh, ... Gern! Meinen Vornamen kennt ihr ja.

b Was passt wo? Ergänzen Sie in a.

Wäre es nicht nett ● Ja, gern, ich heiße ● das ist aber nett ● wenn es Ihnen recht ist ● Ich fände es schön ● hier alle Du zueinander

B3

7 Wer darf das Du anbieten? Kreuzen Sie an.

a Frau Maier (34) ist die neue Kollegin von Frau Summer (53).
☐ Frau Maier darf das Du anbieten.
☐ Frau Summer darf das Du anbieten.

b Sie ziehen in eine neue Wohnung und treffen Ihre neue Nachbarin im Flur. Sie ist sehr nett und deutlich jünger als Sie.
☐ Sie dürfen das Du anbieten.
☐ Die neue Nachbarin darf das Du anbieten.

B3

8 Besondere Anredeformen

a Lesen Sie zuerst die Situationen.

Situation A: Jemand siezt ein Kind.
Situation B: Jemand benutzt die Anrede „Frau" und den Vornamen.
Situation C: Jemand duzt einen fremden Menschen.
Situation D: Jemand siezt und nennt den Vornamen.

CD3 02

b Hören Sie dann. Welches Gespräch passt zu welcher Situation? Ordnen Sie zu.

Gespräch	1	2	3	4
Situation				

c Was meinen Sie: Ist das in den deutschsprachigen Ländern üblich? Notieren Sie. Lesen Sie dann die Auflösung.

1 Das ist üblich: Situationen .... 2 Das ist nicht üblich: Situationen ....

A: nicht üblich: Kinder duzt man immer. B: nicht üblich: Bei der Anrede „Frau" muss der Nachname benutzt werden. C: nicht üblich: Fremde Menschen sollte man immer siezen. D: üblich: Diese Variante gibt es manchmal, wenn man sich zu gut kennt, um „Herr" oder „Frau" zu sagen, aber zu wenig, um sich zu duzen.

erholung
tte int. 3
on 5

9 Ergänzen Sie die Präpositionen und die Artikel.

a Können Sie das Geld *von meinem*.......... (mein) Konto abbuchen?
b Erinnerst du dich .... (unser) Griechischlehrer?
c Jeden Monat ärgert Herr Holler sich .... (seine) hohe Telefonrechnung.
d Sascha kümmert sich überhaupt nicht .... (seine) Mutter.
e Lin ist .... (der) Deutschkurs zufrieden und träumt .... (das) Zertifikat.
f Hast du Lust .... (ein) Eis?
g Die Schüler denken ungern .... (ihre) Hausaufgaben.
h Ich weiß, dass Björn jeden Tag .... (seine) Mutter telefoniert.
i Ich glaube, fast alle Männer interessieren sich .... (die) Fußballweltmeisterschaft.

erholung
itte int. 5
on 2

10 Was passt? Kreuzen Sie an.

a Siehst du das rote Gebäude da? Das ist der neue Bau von Herzog & de Meuron, ☐ dem ☐ das ☒ der mir so gut gefällt.
b Schau mal, da vorne, das ist Monika, ☐ der ☐ das ☐ die ich oft bei den Hausaufgaben helfe.
c Ich mag keine Bücher, ☐ die ☐ das ☐ der mehr als hundert Seiten haben.
d Da drüben wohnt der Nachbar, ☐ der ☐ den ☐ dem ich neulich beim Umzug geholfen habe.
e Gestern habe ich die Leute getroffen, ☐ die ☐ der ☐ denen du so viel über Russland erzählt hast. Ich soll dich von ihnen grüßen.
f Ist das der Kaffee, ☐ den ☐ der ☐ dem du aus Griechenland mitgebracht hast?
g Jetzt hast du schon wieder die Hose an, ☐ der ☐ die ☐ das ich eigentlich waschen wollte.
h Der Mann aus dem Nachbarhaus, ☐ der ☐ den ☐ dem ich nie mochte, ist eigentlich doch ganz nett.

11 Schreiben Sie Sätze.

A

Das ist Christina, …

a Ich gehe immer mit ihr zum Deutschkurs.
mit der ich immer zum Deutschkurs gehe.
b Neulich habe ich von ihr ein dickes Wörterbuch bekommen.
....
c Ich habe schon viel über sie gelacht.
....

B

Das ist Armando, …

d Ich wohne seit mehreren Jahren neben ihm.
....
e Mit ihm verbindet mich eine sehr enge Freundschaft.
....
f Der Deutschkurs war für ihn sehr schwierig.
....

C

Das sind meine Freunde, …

g Ich habe ein Jahr lang mit ihnen Deutsch gelernt.
....
h Auf sie habe ich mich jeden Montag gefreut.
....
i Von ihnen habe ich zum Abschied viele Geschenke bekommen.
....

C2

12 Alte Fotos. Ergänzen Sie.

● Und das war mein bester Freund, *von dem* .... ich dir schon so viel erzählt habe.

▲ Und die hier?

● Das war meine erste Freundin, ... ich schon in den Kindergarten gegangen bin. Da war ich fünf.

▲ Oh, wer ist das denn? Die sieht aber böse aus.

● Ja, das war sie auch. Das ist die Nachbarin, ... ich mich so gut wie jeden Tag geärgert habe.

▲ Und das hier? Was ist das für ein großes Haus?

● Das ist die Stadtbibliothek, ... ich ganz viel Zeit verbracht habe und viele Bücher gelesen habe.

▲ Und was für Bücher hast du gelesen?

● Na ja, Bücher über Tiere, ich hatte ja zwei Hunde und vier Katzen, ... ich mich immer kümmern musste.

▲ Du, Papa, kriege ich auch mal einen Hund?

● Aber ja.

C2

13 Schreiben Sie.

a Guck mal, da ist Sara, du weißt schon, meine Freundin, *über die ich mich gestern geärgert habe*. (ich mich gestern über sie geärgert haben).

b Der Junge, ... (wir früher immer über ihn gelacht haben), ist heute ein reicher Mann.

c Wer ist denn die Frau, ... (du gerade mit ihr gesprochen haben)?

d Oh Gott, da ist wieder der große Hund, ... (ihr vor ihm Angst haben).

e Zeig mir mal deinen neuen Computer, ... (du davon so viel erzählt haben).

f Hast du eigentlich die Stelle, ... (du dich dafür interessiert haben), bekommen?

g Morgen bringe ich dir das Lehrbuch mit, ... (ich damit Arabisch gelernt haben).

C2

14 Auf dem Foto ... Ergänzen Sie.

a Sieh mal, das ist meine Freundin, **mit** *der ich jeden Tag telefoniere* .

b Hier, sieh mal, das war meine Wohnung, **in** ....

c Hier auf dem Bild siehst du meine Schulfreunde, **mit** ....

d Da vor dem Haus steht mein erstes Auto, **über** ....

e Da hinten, das blonde Mädchen mit den langen Haaren war meine beste Freundin, **von** ....

f Und hier siehst du ein Foto von dem Fest, **auf** ....

g Das bin ich an dem Tag, **an** ....

matik
cken

15 Adjektive als Nomen

a Ergänzen Sie.

bekannt		jugendlich		erwachsen	
der/die	*Bekannte*	der/die	*Jugendliche*	der/die	*Erwachsene*
ein	Bekannter	ein	Jugendlicher	ein	Erwachsener
eine	Bekannte	eine	Jugendliche	eine	Erwachsene
die	*Bekannten*	die	Jugendlichen	die	Erwachsenen
–	*Bekannte*	–	Jugendliche	–	Erwachsene

b Ergänzen Sie die passenden Wörter aus a.

1 ▲ Hast du eine Idee, was ich meiner Nichte zum Geburtstag schenken kann?
● Wie alt wird sie denn?
▲ 16 Jahre.
● Also, ich habe gehört, dass *Jugendliche* gern Inliner fahren.

2 ▲ Mit Kindern und Erwachsenen kann ich gut umgehen. Aber Jugendliche sind mir oft zu schwierig.
■ Mhm, bei mir ist es genau umgekehrt. Erwachsene und Kinder sind mir zu schwierig.

3 ◆ Ach, dein Freund Peter kommt auch?
● Ja, aber Peter ist kein Freund von mir, er ist nur ein Bekannter.

4 ▼ Tut mir leid, aber den Vertrag muss ein Erwachsener unterschreiben, deine Mutter zum Beispiel.
● Ja, gut, dann komme ich noch einmal mit meiner Mutter.

16 Gute Freunde

a Was können Sie mit einem guten Freund / einer guten Freundin alles machen? Ergänzen Sie.

ihm kann ich alles erzählen — *ein guter Freund / eine gute Freundin* —
von ihr kann ich jede Kritik annehmen

b Schreiben Sie aus Ihren Stichwörtern einen kleinen Text.

Ein guter Freund ist für mich jemand, dem ich alles erzählen kann.

17 Kreatives Schreiben

Überlegen Sie sich ein Thema, das Sie interessiert, zum Beispiel etwas über Ihre Freunde, Bekannten und Kollegen. Schreiben Sie dann aus Ihren Stichwörtern einen kleinen Text.

LERNTAGEBUCH

C4 Grammatik entdecken

18 Menschen, Kollegen, Nachbarn ...

a Lesen Sie die Sätze. Unterstreichen Sie die Artikel und die Endungen von *Mensch...*, *Herr...*, *Nachbar...*, *Kollege...* .

1 Ich arbeite allein. Ich habe keinen Kollegen.
2 Der Nachbar von links unten grüßt nie.
3 Mit diesem Menschen wechsle ich kein Wort mehr!
4 Die Kollegen gehen heute Abend zusammen essen.
5 Ich erwarte nichts von den Menschen.
6 Das Haus der Nachbarn ist größer als unseres.
7 Der Hut des Herrn da vorne ist ja echt hässlich.
8 Siehst du da drüben all die Menschen, die um das Auto herumstehen?

b Ergänzen Sie *Mensch*, *Kollege*, *Herr*, *Nachbar* in der Tabelle.

Singular		
Nominativ	der, ein, kein	Mensch Kollege Herr Nachbar
Akkusativ	den, einen, keinen	Menschen, Kollegen, Herrn, Nachbarn
Dativ	dem, einem, keinem	Menschen, Kollegen, Herrn, Nachbarn
Genitiv	des, eines, keines	Menschen, Kollegen, Herrn, Nachbarn
Plural		
Nominativ	die, keine	Menschen, Kollegen, Herrn, Nachbarn
Akkusativ	die, keine	Menschen, Kollegen, Herrn, Nachbarn
Dativ	den, keinen	Menschen, Kollegen, Herrn, Nachbarn
Genitiv	der, keiner	Menschen, Kollegen, Herrn, Nachbarn

ebenso: Praktikant, Pole, Türke, Franzose, ...

C4

19 Ergänzen Sie: *-(e)n* oder –.

a Igor ist jetzt Praktikant........ bei Siemens.
b Bei mir im Französischkurs sitzt ein Türke........ , für den Französisch die fünfte Fremdsprache ist.
c Viele von Berts Freunden sind Franzose........ .
d Die Frau von Herr........ Maier kenne ich nicht.
e Mein Kollege........ Peter Rauflein hat gekündigt. Jetzt habe ich einen neuen Kollege........ .
f Meine neuen Nachbar........ mag ich überhaupt nicht.
g In diesem Jahr sind unsere Praktikant........ alle männlich.
h Und, wie findest du deinen neuen Kollege........ ?
i Mein neuer Nachbar........ ist Tscheche........ .
j Die Katze meines Nachbar........ ist weggelaufen.

C4 Phonetik

20 Die ganz große Liebe

a Lesen Sie laut: Wie spricht das der Dichter? Der General? Der Buchhalter? ...

Du bist die Frau, von der ich täglich träume,
die einzige, auf die ich mich verlasse;
die eine, über die ich nichts erzähle,
die Frau, für die ich jeden Zug verpasse.

Du bist die Frau, mit der ich glücklich bin,
du bist die Frau, an die ich immer denke;
die Frau, um die sich für mich alles dreht,
die eine Frau, der ich mein Leben schenke.

Du bist die Frau, in der ich mich erkenne –
die Frau, von der ich mich nie wieder trenne.

b Und mit ... *der Mann, ...*: Wie spricht das die Marktfrau? Die Bankdirektorin? Die Wahrsagerin? Schreiben Sie die neue Version und sprechen Sie sie in den verschiedenen Varianten.

CD3 03-04

c Hören Sie jeweils zwei verschiedene Varianten zu a und b und vergleichen Sie.

21 **Mister Perfekt! Was passt? Ordnen Sie zu.**

ehrlich ● humorvoll ● langweilig ● unzuverlässig ● rücksichtslos ● neugierig ● romantisch ● geduldig

Mister Perfekt ...	**Er ist ...**
liebt schöne Musik und Essen bei Kerzenschein.	....
erzählt gerne Witze und ist lustig.	....
sagt immer die Wahrheit.	....
hat immer Zeit und hört zu.	....
Aber manchmal ...	
will er alles wissen.	....
vergisst er alles, was er erledigen sollte.	....
denkt er nur an sich selbst.	....
liegt er auf dem Sofa und ist einfach nur	....

ibtraining

22 **Kontaktanzeigen**

a **Lesen Sie die Kontaktanzeige und unterstreichen Sie die Eigenschaften der Person.**

Ich bin beruflich viel unterwegs, deshalb habe ich nicht viel Gelegenheit, dich kennenzulernen. Also versuche ich es jetzt so. Ich sehe die Welt mit viel Humor und bin sehr abenteuerlustig. Nirgendwo bleibe ich lange, trotzdem ist mir Treue sehr wichtig. Eine Freundschaft ohne Vertrauen kann ich mir nicht vorstellen. Auf eine einsame Insel würde ich dich, meine CDs und einen Sonnenschirm mitnehmen. Wenn du dich für mich interessierst, schreib mir, gern mit Foto.

b **Schreiben Sie auf die Anzeige aus a einen Antwortbrief, in dem Sie sich selbst beschreiben. Gehen Sie auf folgende Punkte ein:**

- Warum antworten Sie auf diese Anzeige?
- Was mögen Sie an sich?
- Was würden Sie auf die einsame Insel mitnehmen?
- Wie stellen Sie sich Ihren Partner vor?

Liebe(r) ...,
Deine Anzeige hat mir sehr gut gefallen, denn auch ich ...

23 **Ich über mich. Einen Steckbrief schreiben.**

a **Schreiben Sie den Steckbrief auf einen Zettel und ergänzen Sie ihn für sich.**

Ein Tag ist für mich perfekt, wenn ...
Ein Ort, an dem ich mich besonders wohlfühle: ...
Drei Dinge, die für mich wichtig sind: ...
Zwei Sachen, von denen ich mich nie trennen könnte: ...
Wenn ich nichts zu tun habe, mache ich Folgendes: ...
Ich mag es überhaupt nicht, wenn ...
Wenn ich einen Wunsch frei hätte, würde ich ...
Mein Traumpartner sollte auf alle Fälle ...

b **Hängen Sie die Steckbriefe im Kursraum auf. Wählen Sie einen aus und schreiben Sie mit den Informationen dieses Steckbriefs eine Kontaktanzeige.**

c **Hängen Sie auch die Kontaktanzeigen im Kursraum auf. Wer Lust hat, kann zu einer Anzeige noch einen Antwortbrief schreiben.**

E3 Grammatik entdecken

24 *je ... desto*

a Was passt? Ordnen Sie zu.

1	Je mehr Schokolade ich gegessen habe,	desto mehr musst du putzen.
2	Je länger ich in Deutschland bin,	desto weniger Freizeit habe ich.
3	Je größer deine Wohnung ist,	desto dicker bin ich geworden.
4	Je größer ein Auto ist,	desto mehr Benzin braucht es.
5	Je mehr ich arbeite,	desto besser spreche ich Deutsch.

b Sehen Sie sich die Sätze noch einmal an. Was ist richtig? Kreuzen Sie an.

In Sätzen mit *je ... desto ...* verwendet man immer ☐ den Superlativ.
☐ den Komparativ.

E3

25 Schreiben Sie Sätze.

a (lang kennen, wichtig für mich werden) *Je länger ich dich kenne, desto wichtiger wirst du für mich.*

b (oft du keine Zeit für mich haben, zornig werden) ....

c (dich gut kennen, dich gern haben) ....

d (wenig Vertrauen du zu mir haben, traurig werden) ....

E3

26 Noch mehr Sätze mit *je ... desto ...* .

a Was passt? Ordnen Sie zu.

1	Ihr übt viel.	Man kann viel mit ihnen machen.
2	Mein Urlaub ist lang.	Sie kennen die aktuellen Hits gut.
3	Die Leute hören viel Radio.	Ihr spielt gut.
4	Die Computer werden schnell.	Ich erhole mich gut.

b Schreiben Sie die Sätze aus a mit *je ... desto ...* .

1 Je mehr ihr ...

E3

27 Sehen Sie sich die Bilder an und schreiben Sie Sätze mit *je ... desto ...* .

A B C D

A Je mehr man arbeitet, desto mehr Geld verdient man auch.

E3 Prüfung
CD 3 05-08

28 Hören Sie die Texte und kreuzen Sie an: richtig oder falsch?

Sie hören vier kurze Texte. Zu jedem Text gibt es eine Aufgabe. Sie hören jeden Text zweimal.

		richtig	falsch
a	Die Ü-30-Party ist nur für Singles.	☐	☐
b	Der junge Mann möchte am Wochenende etwas unternehmen.	☐	☐
c	Die junge Frau genießt es, Single zu sein.	☐	☐
d	www.suchemich.de ist ein kostenloses Angebot für Menschen, die einen Partner suchen.	☐	☐

Prüfung **29**

Partnersuche im Internet

a Lesen Sie die Leserbriefe 1–6. Kreuzen Sie an, welche Person *für* die Partnersuche im Internet ist.

1 Christof ☐	**3** Karin ☐	**5** Robert ☐
2 Luise ☐	**4** Philipp ☐	**6** Marie ☐

A

Statt sich in der Kneipe oder auf dem Sportplatz zu treffen, sitzen die jungen Leute zu Hause und spielen stundenlang am Computer herum. Das stimmt natürlich nicht in jedem Fall, aber tatsächlich haben die neuen Technologien unseren Alltag völlig verändert. Wir arbeiten im Büro am Computer, wir kaufen mit dem Computer ein, wir chatten jeden Abend am Computer mit unseren Freunden. Dann ist es doch logisch, dass das Internet auch in der Liebe eine große Rolle spielt. Meiner Meinung nach ist das völlig in Ordnung. **Christof, 32, Berlin**

B

In unserer hektischen, unruhigen Zeit haben viele Beziehungen keine lange Dauer: Man trifft sich, verliebt sich und trennt sich beim ersten Streit. Da ist es dann sehr einfach, schnell im Internet nach einem neuen Partner zu suchen. Die Maschine weiß genau, wer am besten zu mir passt. Ich finde das alles sehr traurig und langweilig. War es früher nicht viel schöner, als die Leute sich noch am Strand kennenlernten, oder bei Freunden oder am Arbeitsplatz?
Luise, 17, Kassel

C

Wenn man sich im Internet zur Partnersuche anmeldet, muss man sehr ausführlich über die eigene Person berichten. Man wird gefragt, welche Hobbys man hat, was man gern isst, wohin man reisen möchte, welche Art von Wohnungseinrichtung man am liebsten hat. Und man soll ein Foto schicken. Vielleicht findet die Maschine dann wirklich einen Menschen, der die gleichen Interessen und den gleichen Geschmack hat. Aber zuerst muss man sehr viele sehr persönliche Informationen geben, das gefällt mir nicht. Ich weiß ja nicht, wer es lesen kann, deshalb will ich das nicht.
Karin, 32, Zug (Schweiz)

D

In meinem Beruf muss man viel reisen, außerdem bin ich in den letzten fünf Jahren vier Mal in eine andere Stadt umgezogen. Es ist dann nicht leicht, mit den alten Freunden in Kontakt zu bleiben, und es ist noch schwerer, neue Freunde zu finden.
Natürlich kann das Internet nicht die persönliche Begegnung ersetzen, aber es kann mir helfen, Menschen zu finden, die mich kennenlernen wollen. Manchmal sieht man sich nach dem ersten Treffen nie wieder, oder es wird keine Liebe, sondern eine Freundschaft. Ich finde das spannend. **Philipp, 29, Frankfurt**

E

Als meine Tochter mir erzählt hat, dass sie ihren neuen Freund im Internet kennengelernt hat, war ich wirklich entsetzt. Sie hat mir dann erklärt, dass sie hier bei uns im Dorf niemanden treffen kann, der wirklich interessant ist. Ich finde das schade, aber ich verstehe natürlich, dass die jungen Leute anders leben als wir früher. Deshalb denke ich, man kann den richtigen Partner oder die richtige Partnerin überall finden. **Robert, 62, Joachimstal**

F

Wir leben jetzt im 21. Jahrhundert und immer noch trifft man Leute, die es falsch finden, im Internet nach Freunden zu suchen! Ich sehe das ganz unkompliziert: Wenn mir der Typ, mit dem ich mich im Internet verabredet habe, nicht gefällt, gehe ich eben wieder nach Hause. Meistens verabreden wir uns in einer Kneipe, dann sind auch noch meine Freundinnen in der Nähe, das ist also ganz ungefährlich. Meiner Mutter erzähle ich allerdings nichts davon.
Marie, 21, Hamburg

Lernwortschatz

Beziehungen und Gefühle

Enttäuschung die, -en ....

Freundschaft die, -en ....

Fröhlichkeit die ....

Gemeinschaft die, -en ....

Gewohnheit die, -en ....

Humor der ....

Kuss der, ¨-e ....

Verlust der, -e ....

Vertrauen das ....

Zorn der ....

zweifeln ....

treu ....

zornig ....

Weitere wichtige Wörter

Bau der, -ten ....

Eindruck der, ¨-e ....

Einfluss der, ¨-e ....

Kuvert das, -s ....

Mannschaft die, -en ....

Stellung die, -en ....

Vergangenheit die ....

Vergleich der, -e ....

im Vergleich zu ....

Vorstellung die, -en ....

Werbung die, -en ....

Wirklichkeit die ....

in Wirklichkeit ....

Wohl das ....

Zweck der, -e ....

an·nehmen, nimmt an, nahm an, hat angenommen ....

an·schauen ....

aus·sprechen, spricht aus, sprach aus, hat ausgesprochen ....

(sich) bemühen ....

erhalten, erhält, erhielt, hat erhalten ....

sich gefallen lassen, lässt, ließ, hat gefallen lassen ....

(sich) hin·setzen ....

verzeihen, verzieh, hat verziehen ....

vor·ziehen, zog vor, hat vorgezogen ....

(eine Karte) ziehen, zog, hat gezogen ....

(sich) zwingen, zwang, hat gezwungen ....

mehrere ....

notwendig ....

nützlich ....

allmählich ....

ebenso ....

gar ....

je ... desto ....

neulich ....

Wiederholung

Person

Aussehen
groß
klein
jung
alt

schön
hübsch
hässlich

dick
kräftig
schlank
dünn
mager
schmal

breit
blond
schick

der Bart
die Figur
das Gesicht
die Stimme

Eigenschaften ☺
angenehm
beliebt
ehrlich
fleißig
freundlich
höflich
interessant
lustig
nett
ordentlich
sympathisch
tolerant
toll
zuverlässig
aktiv
fit
schnell
sportlich
stark

intelligent
klug

Eigenschaften 😐
ernst
neugierig
normal
komisch
realistisch
ruhig
verrückt
vorsichtig

Eigenschaften ☹
böse
dumm
faul
langweilig
rücksichtslos
schwach

Gefühle
fröhlich
glücklich
stolz
zufrieden
verliebt

einsam
enttäuscht
furchtbar
müde
nervös
peinlich
sauer
schlimm
schrecklich
traurig
wütend

(sich) freuen
(sich) fühlen
hoffen
lachen
lieben
sich verlieben

(sich) ärgern
hassen
leiden
streiten
weinen

die Angst
der Ärger
die Hoffnung
die Laune
die Lust
der Stress

Familie und Freunde

der/die Angehörige
der/die Verwandte
die Familie
die Großfamilie
die Kleinfamilie

der (Ehe)Mann
die (Ehe)Frau
das Ehepaar
der/die Partner/in

die Eltern
der Vater
die Mutter
der Sohn
die Tochter

die Geschwister
der Bruder
die Schwester
das Kind
das Baby
der Junge
das Mädchen

die Großeltern
der Großvater
die Großmutter
der Opa
die Oma
das Enkelkind

der Onkel
die Tante
der Neffe
die Nichte
der Cousin
die Cousine
der Schwager
die Schwägerin
die Schwiegereltern
der Schwiegervater
die Schwiegermutter

der/die Freund/in
der/die Bekannte
der Single
der/die Senior/in
der/die Rentner/in
die Leute

erziehen
zusammenleben

Rechnungen mit der Hand schreiben, **als ob** wir im Mittelalter **wären**!

Wiederholung *Schritte int. 4 Lektion 8, Schritte int. 5 Lektion 7*

1 Ergänzen Sie.

finden – würde ● könnte – telefonieren ●
Hätte – aufgepasst ● würde – verlieren ● wäre ●
Hätte – ausgeschaltet ● könnte – helfen ● würde – anrufen

a Jetzt ist der Computer kaputt. *Hätte* ich ihn doch gestern nicht einfach *ausgeschaltet*!

b Wenn ich die Telefonnummer des Kundenservice ...., ... ich sofort dort .... Aber ich weiß nicht, wo ich den Zettel hingelegt habe!

c Ich .... ja mal mit Klaus .... Der kennt sich doch mit Computern aus.

d Oder – wenn Uwe jetzt zu Hause ...., ... er mir bestimmt .... Aber er ist bis Freitag im Urlaub.

e Wie ärgerlich! .... ich doch im Computerkurs ein bisschen besser ....! Dann .... ich jetzt nicht so viel Zeit .... Aber nun ist es zu spät!

A3 Grammatik entdecken

2 Herr Möchtegern

a Ordnen Sie zu.

	Er tut so, …	**Aber in Wirklichkeit …**
1	als ob er ledig wäre.	war er ein schlechter Schüler.
2	als ob er sich alles kaufen könnte.	arbeitet er gar nicht.
3	als ob er einen wahnsinnig anstrengenden Job hätte.	ist er seit zehn Jahren verheiratet.
4	als ob er in der Schule immer gute Noten gehabt hätte.	hat er gar kein Geld.

b Ordnen Sie die Sätze in die Tabelle ein.

Er tut so,

1	*als ob*	*er*	*ledig*	*wäre*
2	*als ob*			
3	…			
4				

A3

3 Ergänzen Sie in der richtigen Form.

gegessen haben ● gewesen sein ● haben ● haben ● interessieren

a ● Mein Bruder ist total in deine Schwester verliebt.
▲ Echt? Aber er tut doch so, als ob sie ihn gar nicht *interessieren würde*.

b Ich glaube, unser Sohn tut nur so, als ob er gestern etwas Falsches .... Er will heute nur nicht in die Schule gehen. Die Klasse schreibt nämlich einen Test.

c Als ob ich nicht schon genug Arbeit ....! Ihr könnt eure Sachen ruhig einmal selber aufräumen.

d ● Ehrlich gesagt, sie tut so, als ob sie gestern nicht auf der Konferenz .... und als ob sie keine Ahnung ....!
▲ Aber sie war doch die ganze Zeit dabei!

4 Schreiben Sie Sätze.

a so tun – den ganzen Tag arbeiten müssen
Klaus *tut so, als ob er den ganzen Tag arbeiten müsste*. Dabei spielt er die ganze Zeit Computerspiele.

b so tun – kein Deutsch verstehen
Karla tut so, als ob sie kein Deutsch verstehen würde .
Aber sie spricht fließend Deutsch.

c sich anhören – kaputt sein
Der Computer hört sich an, als ob es kaputt wäre .
Aber er funktioniert einwandfrei.

d aussehen – von technischen Dingen keine Ahnung haben
Oje, schau mal, der Mann vom Kundendienst. Der sieht aus, als ob er
von technischen Dingen keine Ahnung hätte .

e scheinen – dich das Theaterstück nicht interessieren
Es scheint, als ob dich das Theaterstück nicht interessieren würde .
Dabei wolltest du doch unbedingt ins Theater!

5 Schreiben Sie Sätze.

a Es sieht so aus, als ob
das Gespräch mit dem Chef gestern nicht so gut gelaufen wäre .
(gelaufen – wäre – gestern – nicht so gut – das Gespräch mit dem Chef)

b Florian versteht in Mathe gar nichts. Aber er tut so, als ob
er alles verstehen würde .
(würde – alles – er – verstehen)

c Du siehst so aus, als ob
du die ganze Nacht gefeiert hättest .
(die ganze Nacht – du – hättest – gefeiert)

d Ob ich das Fahrrad bald fertig repariert habe? Du sagst das, als ob
ich es kaputt gemacht hätte .
(kaputt gemacht – ich – es – hätte)

e Oh nein! Es hört sich so an, als ob
der Motor kaputtgegengen wäre .
(wäre – der Motor – kaputtgegangen)

6 *..., als ob ....* Schreiben Sie zu jedem Bild einen Satz.

A

B

C

A Der Mann sieht so aus, als ob ... In Wirklichkeit aber ...
...

Während ich unterwegs bin, kann ich mich nicht um Majas Computer kümmern.

B2 **7** **In der Wohngemeinschaft. Klaus ist fleißig – und was macht Andreas zur gleichen Zeit? Ergänzen Sie.**

A B C D

Während Klaus …

a *das Geschirr spült und abtrocknet*, *liegt Andreas auf dem Sofa!*
b das Haus räumt, trinkt Andreas Tea ins Cafe
c bügelt, spaziert Andreas ins Park
d das Einkaufen macht, liest Andreas.

B2 **8** **Als Erste im Büro. Schreiben Sie Sätze.**

a Gregor schaltet die Computer ein. Zur gleichen Zeit geht Annika in die Küche.
Während Gregor die Computer einschaltet, geht Annika in die Küche.

b Annika kocht Kaffee. Zur gleichen Zeit öffnet Gregor alle Fenster.
Während Annika Kaffee kocht, öffnet Gregor alle Fenster.

c Gregor setzt sich an seinen Arbeitsplatz. Annika schaltet in dieser Zeit den Kopierer und den Drucker ein.
Während Gregor an seinen Arbeitsplatz sitzt, schaltet Annika den Kopierer und den Drucker ein

d Annika kontrolliert das Papier im Drucker. Gregor denkt über seinen Tagesplan nach.
Während Annika das Papier im Drucker kontrolliert, denkt Gregor über seinen Tagesplan nach.

e Annika telefoniert mit Kunden. Gregor beantwortet E-Mails.
Während Annika mit Kunden telefoniert, beantwortet Gregor E-Mails.

B2 **9** **Ein Tag voller Arbeit**

a **Was hat Werner zuerst gemacht? Ordnen Sie zu.**

Als Erstes fährt Werner am Morgen seinen Computer hoch. Dann ruft er seine neuen E-Mails ab. Wenn er alle E-Mails gelesen hat, beantwortet er sie. Er schaltet den Drucker ein und druckt dann die neuen Dateien aus. Er hat am Vormittag viel gearbeitet und geht zum Mittagessen. Nach dem Essen spielt er kurz Tischtennis. Danach arbeitet er weiter.

Zuerst	Danach
1 Computer hochfahren	*E-Mails abrufen*
2 E-Mails lesen	…
3 …	

b **Wie erzählt Werner seinen Tagesablauf? Schreiben Sie Sätze mit *nachdem*.**

1 *Nachdem ich den Computer hochgefahren habe, rufe ich meine E-Mails ab.*
2 *Nachdem ich die* Emails gelesen habe, beantworte ich sie.
3 Nachdem ich den Drucker eingeschaltet habe, drucke ich die neuen Dateien aus
4 Nachdem ich am Vormittag viel gearbeitet habe, gehe ich zum Mittagessen.
5 Nachdem ich gegessen habe, spiele ich kurz Tischtennis
6 Nachdem ich Tischtennis gespielt habe, arbeite ich weiter

10 ... und übermorgen ist meine Prüfung!

a Schreiben Sie Sätze mit *nachdem*.

Gestern: *1 Nachdem ich Morgensport gemacht hatte, habe ich gefrühstückt.*
...

Heute: *1 Nachdem ich gefrühstückt habe, setze ich mich an den Schreibtisch.*
...

Gestern – nichts gelernt	Heute – wird alles besser
1 Erst habe ich Morgensport gemacht. Dann habe ich gefrühstückt.	**1** Erst frühstücke ich. Dann setze ich mich an den Schreibtisch.
2 Ich habe dann erst mal die Wohnung geputzt, dann habe ich mich kurz an den Schreibtisch gesetzt.	**2** Ich lerne zwei Stunden, dann mache ich eine Pause.
3 Helmut hat angerufen und wir haben lang telefoniert. Danach musste ich dringend zum Einkaufen.	**3** Ich telefoniere kurz mit Helmut, dann lerne ich noch ein Stündchen.
4 Danach habe ich mich ein bisschen hingelegt. Und dann habe ich versucht, nun doch zu lernen.	**4** Dann esse ich etwas. Danach setze ich mich kurz in die Sonne.
5 Ich habe mein Buch stundenlang gesucht und es trotzdem nicht gefunden. Da bin ich mit Freunden in eine Kneipe gegangen.	**5** Ich mache eine kurze Pause. Anschließend lerne ich weiter.

b Ergänzen Sie die Sätze und unterstreichen Sie die Verben.

Nebensatz	Hauptsatz
Nachdem Helmut angerufen hatte,	*musste ich* dringend zum Einkaufen
Nachdem ich kurz mit Helmut telefoniert habe,	lerne ich noch ein Stündchen

c Was stimmt? Kreuzen Sie an.

Hauptsatz	→ Nebensatz
im Perfekt oder Präteritum	*nachdem* + ☐ Perfekt oder Präteritum ☑ Plusquamperfekt
im Präsens	*nachdem* + ☐ Präsens ☑ Perfekt

11 Das rät Dr. Berger!

a Lesen Sie die Tipps und markieren Sie: Was sollte man zuerst tun?

Konzentriert und effektiv lernen
Berücksichtigen Sie unsere Tipps: Richtig lernen kann so einfach sein!

1 Vor dem Aufstehen sollten Sie sich ein klares Tagesziel setzen: Das will ich heute schaffen!
2 Vor dem Lernen bitte den Arbeitsplatz aufräumen, am besten schon am Tag vorher!
3 Noch ehe Sie mit der Arbeit beginnen, sollten Sie Anfang und Ende der Pausen bestimmen.
4 Jetzt geht es los! Vorher sollten Sie sich aber die Bücher bereitlegen!
5 Sie beenden Ihre Arbeit. Hoffentlich haben Sie sich vorher schon etwas Schönes für den Abend überlegt! Dann erreichen Sie Ihr Tagesziel sicherlich ganz leicht ...

b Schreiben Sie die Sätze mit *bevor*.

1 Sie sollten sich ein klares Tagesziel setzen, bevor Sie aufstehen.

B2

12 Hilfe, der neue Kollege kommt!

a Was passt zu welchem Bild? Ordnen Sie zu.

1 ☐ Man kann in Ruhe arbeiten.
2 ☐ In der Küche ist alles sauber.
3 ☐ Aus dem Radio kommt laute Musik.
4 ☐ Man kann ohne Probleme telefonieren.
5 ☐ Die Küche ist total unaufgeräumt.
6 ☐ Keiner kann sich mehr konzentrieren.

b Schreiben Sie Sätze zu Bild A.
Bevor der neue Kollege gekommen ist, konnte man ...

c Schreiben Sie Sätze zu Bild B.
Nachdem der neue Kollege gekommen war, ...

B2

13 Arbeit mit dem Computer. Ergänzen Sie *nachdem*, *bevor* oder *während*.

Bevor............ (a) Sie sich an den Computer setzen, sollten Sie darauf achten, dass Sie bequem sitzen. .... (b) der Computer startet, schalten Sie den Bildschirm oder auch den Drucker an. Öffnen Sie Ihre Dateien erst, ... (c) der Computer komplett hochgefahren ist, sonst kann er abstürzen. .... (d) Sie am Computer arbeiten, sollten Sie Ihre Texte ab und zu speichern. Auf jeden Fall aber sollten Sie alles speichern, ... (e) Sie den Computer ausschalten. Wenn Sie E-Mails schreiben wollen, dann sollten Sie diese schreiben, ... (f) Sie ins Internet gehen, sonst wird es zu teuer. Verschicken können Sie die E-Mails aber erst, ... (g) Sie sich ins Netz eingewählt haben. .... (h) Sie das Gerät abschalten, sollten Sie alle Programme schließen.

B2

14 Was ist richtig? Kreuzen Sie an.

		nachdem	während	bevor	
a	Sie fährt nach Spanien,	☐	☐	☐	sie drei Semester lang Spanisch gelernt hat.
b	Ich räume noch schnell auf,	☐	☐	☐	ich zur Arbeit gehe.
c	Deck doch schon mal den Tisch,	☐	☐	☐	ich koche.
d	Bitte hör mir erst einmal zu,	☐	☐	☐	du dich gleich wieder ärgerst.
e	Er ging ins Ausland,	☐	☐	☐	er endlich die Schule beendet hatte.

B2

15 Schreiben Sie mit jeder Konjunktion einen Satz.

a Es ging ihr besser, nachdem / als / bevor ...
b Er war sehr sauer, bevor / nachdem / als ...
c Ich höre immer Musik, wenn / während / bevor ...
d Er wohnt bei seinen Eltern, nachdem / solange / bevor ...

09 | **16**
Einen Anrufbeantworter besprechen

a **Hören Sie das Gespräch. Was ist richtig? Kreuzen Sie an.**

- ☐ Maike erklärt einer Freundin die Gebrauchsanweisung.
- ☐ Maike spricht eine Ansage auf den Anrufbeantworter.

b **Bringen Sie die Sätze in die richtige Reihenfolge.**

☐ Ansage mindestens 10, höchstens 18 Sekunden lang aufsprechen

☐ Signalton ertönt

☐ Taste „Ansage" drücken

☐ Taste gedrückt halten, bis die Anzeige blinkt

☐ Taste wieder loslassen

Prüfung **17**
Intelligente Geräte

a **Worum geht es in dem Text? Kreuzen Sie an.**

- ☐ Es geht um die Entwicklung von technischen Geräten, die auf die menschliche Stimme reagieren.
- ☐ Es geht um die Entwicklung von technischen Geräten, die wie Menschen miteinander sprechen können.

Bonn – Wer heute einen DVD-Player, ein Handy oder einen Fotoapparat kauft, muss sich erst umständlich durch Menüs und Bedienungsanleitungen kämpfen. Besser wäre es natürlich, wenn man dem neuen Gerät einfach sagen könnte, was man von ihm will, und zwar so, als ob man mit einem anderen Menschen reden würde.

Und genau das ist das Ziel des europäischen Forschungsprojekts TALK: die Entwicklung technischer Geräte, die auf die menschliche Stimme in ganz normaler Alltagssprache reagieren. Leiter Manfred Pinkal, Professor für Computerlinguistik an der Universität des Saarlandes, erklärt das Projekt: „Wir konnten zeigen, wie ein Autofahrer im lockeren Gespräch mit seinem MP3-Player alle gewünschten Musiktitel erhält, ohne auch nur eine Taste zu drücken. Der Benutzer sagt das, was er will, so, wie er es will: ganz knapp oder in ganzen Sätzen und mit eigenen Worten. Unsere Geräte sind flexibel, sie stellen sich also nicht nur auf das Wissen und Können des Benutzers ein, sondern auch auf die Situation. Das ist im Fahrzeug besonders wichtig, weil der Fahrer sich ja auf seine eigentliche Aufgabe, nämlich das Fahrzeug zu lenken, konzentrieren muss."

Das TALK-Projekt wurde in Saarbrücken gestartet und wird von der Europäischen Union finanziell unterstützt.

b **Was ist richtig? Kreuzen Sie an.**

1 Für die Bedienung der neuen Geräte
- a braucht man keine Bedienungsanleitungen mehr.
- b muss man eine spezielle Sprache lernen.
- c muss man sich mit anderen Menschen unterhalten.

2 Die Geräte können die Wünsche des Benutzers erfüllen,
- a wenn man eine Taste drückt.
- b wenn man ihnen eine Anweisung gibt.
- c wenn man ihnen einen gewünschten Musiktitel vorspielt.

3 Ein Autofahrer
- a kann die neuen Geräte nicht bedienen, weil er Auto fahren muss.
- b kann die neuen Geräte bedienen, obwohl er Auto fahren muss.
- c muss flexibel sein, um die neuen Geräte zu bedienen.

D5 Phonetik **18** **Reaktionen**

CD3 10

a Wie reagiert der Gesprächspartner? Hören Sie und ordnen Sie zu.

● Wie geht's eigentlich Kathrin? Ist sie fertig mit ihrer Ausbildung?

▲ Ach, wir haben solche Probleme mit ihr! In letzter Zeit geht sie nur noch mit Freundinnen aus, die wohl wahnsinnig reich sind. Dauernd gehen sie irgendwo essen oder tanzen und praktisch jede Woche gibt sie einen Haufen Geld in irgendeiner teuren Boutique aus, für neue Kleider oder Schuhe … Sie hat schon überall Schulden. Und wir sollen ihr auch immer wieder Geld leihen.

1 ● Na ja, sie ist eben noch jung, das muss man auch verstehen.
2 ● Das gibt es doch gar nicht!
3 ● Oje! Das ist aber schwierig für euch.
4 ● Hm. Wahrscheinlich habt ihr euch zu wenig um sie gekümmert!
5 ● Das kann doch nicht wahr sein!
6 ● Versuch doch mal, eine Reise mit ihr zu machen. Vielleicht bringt sie das wieder auf andere Gedanken.

- er gibt einen Rat
- er reagiert erstaunt
- er reagiert kritisch
- er reagiert verständnisvoll
- er kann die Sorge der Mutter gut verstehen
- er reagiert wütend

b Lesen Sie mit Ihrer Partnerin / Ihrem Partner die sechs Reaktionen laut.

- Machen Sie sich vor dem Lesen noch einmal klar, welches Gefühl mit dem Satz verbunden ist.
- Versuchen Sie dann, dieses Gefühl mit Ihrer Stimme möglichst klar zum Ausdruck zu bringen.
- Helfen Sie sich gegenseitig. Sagen Sie Ihrer Partnerin / Ihrem Partner, wie ihr/sein Satz auf Sie wirkt.

D5 **19** **Lerntagebuch: Nie wieder sprachlos!**

CD3 10

a Hören Sie sich die Gespräche aus Übung 18 a noch einmal an.

Schreiben Sie nun kleine Gespräche in Ihr Lerntagebuch. Geben Sie eine Situation vor und schreiben Sie dazu unterschiedliche Reaktionen (erstaunt, verständnisvoll, kritisch, wütend, …).

LERNTAGEBUCH

„Das ist wirklich Wahnsinn – mein Professor hat nie Zeit für mich! Ich weiß gar nicht, wie ich die Arbeit für das Seminar schreiben soll. Seine Sprechstunde ist …"

verständnisvoll:
„Du Arme! Das kann doch wohl nicht wahr sein! Der muss doch …"

erstaunt:
„Was? Ich dachte immer, der wäre so …"

wütend:
…

b Nehmen Sie Ihre Gespräche mit einer Partnerin / einem Partner auf.
Lesen Sie die Gespräche zuerst vom Blatt ab. Lernen Sie sie dann aber nach und nach auswendig. Versuchen Sie dabei, Ihre Gefühle deutlich zum Ausdruck zu bringen. Hören Sie danach Ihre Aufnahme an und entscheiden Sie: Wie müssen Sie betonen, damit die Reaktion klar zum Ausdruck kommt?

c Markieren Sie in Ihren Sätzen den Hauptakzent und die Satzmelodie.

Prüfung 11-13 **20** **Radiodiskussion zum Thema „Internet: Gefahr oder Chance“**

Hören Sie die Radiodiskussion zweimal. Wer sagt das? A (Moderatorin), B (Frau Berber) oder C (Herr Weißling)? Kreuzen Sie an.

		A	B	C
	Beispiel: Frau Berber arbeitet bei der Zeitung, Herr Weißling ist Lehrer an einer Fachhochschule.	☒	☐	☐
1	Daten und Nachrichten werden heute vor allem im Internet weitergegeben.	☐	☐	☐
2	Das Internet macht vieles einfacher.	☐	☐	☐
3	Das Internet kann für sehr junge Menschen schädlich sein.	☐	☐	☐
4	Viele Patienten suchen im Internet Auskünfte.	☐	☐	☐
5	Es kann negative Folgen für die Jugendlichen haben, wenn sie Texte und Bilder ins Internet stellen.	☐	☐	☐
6	Manche Nachrichten im Internet stimmen nicht.	☐	☐	☐
7	Die Angaben im Internet sind nicht immer auf dem neuesten Stand.	☐	☐	☐

Prüfung **21** **Lesen Sie den Beitrag in einem Internetforum und schreiben Sie dazu einen Kommentar (80 Wörter). Sie können aus den folgenden Wendungen auswählen.**

Ich finde es nicht gut, dass … ● So etwas kann man nicht sagen. ● Das stimmt schon, aber … ● Ich finde es besser, wenn … ● Da bin ich deiner Meinung/anderer Meinung. ● Das glaube ich nicht. ● Ich weiß nicht genau. ● Das finde ich auch. ● … hat recht. ● Das ist wirklich ein wichtiges Thema. ● Das stimmt. ● Ich meine, dass … ● Ich denke/glaube, dass das gut ist, weil … ● Mir ist es sehr wichtig/am wichtigsten, dass … ● Ich kann mir vorstellen, dass …

Forum

Stefan Ich verstehe nicht, warum alle Erwachsenen immer von den Gefahren des Internets reden. Ohne Internet geht es heute nicht mehr. Meine Mutter erzählt mir auch immer wieder, ich sollte nicht so viel vor dem Computer sitzen und in Facebook sein. Natürlich weiß ich, dass ich meine Freunde nicht nur in Facebook treffen soll, persönliche Kontakte sind total wichtig. Aber wenn es um schnelle Information, um Mitteilungen an viele Leute, um spontane Aktionen geht – dann gibt es überhaupt nur das Internet!

E3

22 Ein modernes Büro. Was ist was? Ordnen Sie zu.

- ☐ der Monitor
- ☐ die CD
- ☐ der Computer
- ☐ der Knopf
- ☐ das Fax
- ☐ der Drucker
- ☐ die Maus
- ☐ die Musikanlage
- ☐ die Mitteilung
- ☐ die Software
- ☐ die Steckdose
- ☐ der Stecker
- ☐ die DVD
- ☐ die Tastatur
- ☐ die Illustrierte
- ☐ die Schlagzeile

E3

23 Was passt? Ordnen Sie zu.

a Ich bin wirklich reif für die Insel.
b Du musst diesen Link anklicken.
c Da ist etwas aber ganz schön durcheinandergeraten.
d Das ist wirklich eine Frechheit!
e Was habt ihr beschlossen?
f Du möchtest also einen neuen Computer? Hast du schon mal ausgerechnet, ob du dir das leisten kannst!

Wofür habt ihr euch entschieden?
Für mich ist es Zeit, Urlaub zu machen.
Die Reihenfolge stimmt nicht mehr. Das muss alles neu geordnet werden.
Geh mit der Maus auf diese Adresse und drücke die linke Maustaste.
Das finde ich unmöglich!
Dann prüf doch erst mal, ob du genug Geld hast!

E3 Schreibtraining

24 Meine Lebensgeschichte

Wählen Sie eine Geschichte aus und schreiben Sie sie zu Ende.
Machen Sie sich vor dem Schreiben Notizen:

- Was genau passiert mit dem Gegenstand?
- Was denkt er? Wie fühlt er sich?
- Was wünscht er sich für die Zukunft?

1

Ich gehöre einer Großfamilie: Eltern, Oma, sieben Kinder! Können Sie sich vorstellen, wie das für mich ist? Nein? Dann erzähle ich es Ihnen. Jeden Morgen …

2

Ich gehöre einem Fahrlehrer in …

Prüfung 25

Mensch und Medien – Fluch und Segen

Lesen Sie zuerst die Überschriften. Lesen Sie dann die fünf Texte und entscheiden Sie: Welche Überschrift passt zu welchem Text?

Text	1	2	3	4	5
Überschrift					

- a Hochzeit ohne Musik
- b Flugstau: alle Flüge ausgebucht
- c Endlich Nichtraucher! Per SMS.
- d Babyschreie verstehen
- e Unerwünschter Zuhörer
- f Party im Haus der Architektur
- g Handys – schlecht für die Gesundheit!
- h Sich den Babywunsch endlich erfüllen
- i Eine weltweite Abschiedsparty
- j Vergesslicher Orgelspieler

1

Samstag, 10 Uhr in der Heiliggeistkirche in Langenbrucken: Dies war der wichtigste Tag im Leben von Marion K. und Marco F. – endlich fand die schon lang geplante Hochzeit statt. Doch die beiden mussten eine böse Überraschung erleben: Als das Brautpaar die Kirche betrat, blieb alles still! Der für diesen Tag engagierte Orgelspieler hatte den Termin vergessen. Doch zum Glück konnte der beste Freund des Bräutigams die Trauung retten: Er spielte die traditionelle Hochzeitsmusik mit dem MP3-Player seines Handys.

2

Mit der Erinnerungsmail zu ihrer Büro-Abschiedsfeier lud eine Praktikantin alle Kunden der Firma auf der ganzen Welt ein. Statt auf die „interne“ Liste von E-Mail-Adressen zu drücken, drückte sie am Tag der Feier versehentlich auf die weltweite Adressenliste. Über Antworten wie „Ich werde es nicht ganz schaffen, pünktlich um 17:30 Uhr in Hamburg zu sein, die Flüge für heute sind leider ausgebucht.“ dürfte sie sich nicht gewundert haben …

3

Ihr Baby verstehen – das ist oft der größte Wunsch unerfahrener Eltern. Der japanische Neurobiologe Shinohara versucht nun zu helfen: Er hat ein Gerät entwickelt, das die Schreie von Babys übersetzt. Dazu misst das Gerät z. B. die Körpertemperatur des Babys und die Höhe seiner Stimme. Daraus kann man angeblich erfahren, was das Baby will.

4

Dass es nicht nur positiv ist, jederzeit erreichbar zu sein, musste ein fünfzigjähriger Architekt am eigenen Leib erfahren. Auf einer Party lernte er eine attraktive junge Dame kennen, mit der er heftig flirtete. Was er nicht wusste: Seine Frau hörte zu Hause das Gespräch mit! Aus Versehen war er bei seinem Handy in seiner Jackentasche auf einen Knopf gekommen. Das Handy stellte die Verbindung zu einem anderen Apparat her – zu dem seiner Frau …

5

Um erfolgreich und dauerhaft von Rauch und Nikotin loszukommen, hat eine amerikanische Firma eine völlig neue, interessante Methode entwickelt: das Rauchstopp-SMS-Abo. Der zukünftige Nichtraucher bekommt während der ersten 30 rauchfreien Tage regelmäßig unterstützende Botschaften wie: „Prima, heute wieder nicht geraucht!“ oder „Du schaffst das!“ direkt auf das Handy. Das Rauchstopp-Abo hilft als ständiger Begleiter und Motivator auf dem Weg zum Nichtraucher.

26 Fotos am Computer bearbeiten

a Lesen Sie, was auf der Verpackung steht und kreuzen Sie an.

In der Packung befindet sich

1 ☐ eine Filmkamera
2 ☐ ein Fotoapparat
3 ☐ eine Computer-Software

b Was bedeuten die folgenden Wörter? Ordnen Sie zu.

1 Installationsfenster  — A 
2 Produkt-Schlüssel — B 
3 DVD-Laufwerk — C
4 Bildschirm — D
5 Download — E M3UE–OQ5W–S36T-3LDU

Prüfung

c **So installieren Sie das Programm.**
Lesen Sie den folgenden Text und lösen Sie die Aufgaben.

Ignorieren Sie schwierige Wörter. Wenn Sie ein Wort nicht kennen, versuchen Sie trotzdem, die Aufgabe zu lösen.

BEDIENUNGSANLEITUNG

Erste Schritte zu Foto XL 03

1. Legen Sie die DVD in das DVD-Laufwerk des Computers. Das Programm öffnet sich automatisch.
2. Suchen Sie den Produkt-Schlüssel, der auf der Innenseite der DVD-Schachtel steht. Der Schlüssel enthält 16 Zahlen und Buchstaben.
3. Rufen Sie die folgende Website auf: www.highlightfoto.org/downloadoffice. Klicken Sie auf Download.
4. Geben Sie nach Aufforderung den 16-stelligen Produkt-Schlüssel ein. Es dauert etwa eine Minute, bis sich das Installationsfenster öffnet.
5. Folgen Sie den Anweisungen auf dem Bildschirm, um das Programm zu installieren und zu aktivieren.

Aktivierung per Telefon

1. Wenn Sie nicht ins Internet gehen können, kann das Highlight-Fotoprogramm auch per Telefon aktiviert werden.
2. Legen Sie die DVD in das DVD-Laufwerk des Computers. Das Programm öffnet sich automatisch.
3. Suchen Sie den Produkt-Schlüssel, der auf der Innenseite der Packung steht. Der Schlüssel enthält 16 Zahlen und Buchstaben.
4. Rufen Sie das Installationsoffice unter der folgenden Nummer an: 0800 43 76 59 87 11. Der Anruf ist kostenlos. Folgen Sie den Anweisungen des Sprechers am Telefon.
5. Nach einigen Minuten öffnet sich das Installationsfenster auf Ihrem Computer.
6. Folgen Sie den Anweisungen auf dem Bildschirm, um das Programm zu installieren und zu aktivieren.

1 Das Highlight-Fotoprogramm

a kann man sich kostenlos aus dem Internet holen.
b besteht aus einer DVD.
c muss man telefonisch bestellen.

2 Bevor man das Programm benutzen kann,

a muss man einen Vertrag unterschreiben.
b muss man mit dem Hersteller telefonieren.
c muss man ein Passwort eingeben.

3 Den Produkt-Schlüssel

a bekommt man aus dem Internet.
b kann man am Telefon erfahren.
c findet man in der Packung.

Lernwortschatz

Technik und Computer

Daten die ....
Laufwerk das, -e ....
Knopf der, ¨-e ....
Kopierer der, – ....
Menü das, -s ....
Netz das, -e ....
Steckdose die, -n ....
Stecker der, – ....

Taste die, -n ....
Verbindung die, -en ....

klicken ....
tippen ....

technisch ....

in Betrieb ....

Weitere wichtige Wörter

Alarm der ....
Eigentum das ....
Frechheit die, -en ....
Mülleimer der, – ....
Nachfrage die, -n ....
Kunststoff der, -e ....
Sitzung die, -en ....
Tatsache die, -n ....
Witz der, -e ....
Wohnblock der, ¨-e ....

ab·trocknen ....
an·gehen, ging an, ist angegangen ....
an·schaffen ....
aus·rechnen ....
aus·schließen, schloss aus, hat ausgeschlossen ....
beruhigen ....
beschließen, beschloss, hat beschlossen ....

erscheinen, erschien, ist erschienen ....
erschrecken, erschrickt, erschrak, ist erschrocken ....
genehmigen ....
klopfen ....
verschlechtern ....
verursachen ....
verwechseln ....

ausgeschlossen sein ....
ewig ....
höchstens ....
kritisch ....
reif ....
verantwortlich ....
voraus ....
im Voraus ....
wahnsinnig ....

nachdem ....

Wiederholung

Medien und Kommunikation

Computer

der Bildschirm
der Monitor
die Tastatur
die Maus
der Drucker
die CD-ROM
das Computerspiel

die E-Mail
das Internet

anklicken
drucken
kopieren
speichern
surfen

Telefon, Handy und Post

der Apparat
der Anrufbeantworter
der Anruf
das Fax
die SMS
die Telefonkarte

anrufen
telefonieren
zurückrufen

der Brief
der Briefumschlag
das Kuvert
die Postkarte
die Briefmarke
das Paket
das Päckchen
der Absender
der Empfänger
die Mitteilung

senden
(ver)schicken

Medien

der Fernseher
das Fernsehgerät
die Sendung
die Nachrichten
die Werbung

die DVD
der DVD-Player
das Video

der/die Zuschauer/in

fernsehen
ansehen

das Radio
der Rundfunk

die Musikanlage
die CD

die Zeitung
die Zeitschrift
die Illustrierte
die Schlagzeile
der Artikel
die Anzeige

die Annonce

das Buch
der Autor
das Märchen
die Erzählung

Alles, was schiefgehen kann, geht irgendwann schief.

A1 **1 Was ist richtig: *wo* oder *was*? Kreuzen Sie an.**

		was	wo	
a	Es ist schrecklich! Dort,	☐	☐	ich jetzt wohne, gefällt es mir überhaupt nicht.
b	Tut mir leid. Das ist alles,	☐	☐	er mir gesagt hat.
c	Anscheinend gibt es heute nichts,	☐	☐	dich fröhlich machen kann.
d	Deine Brille? Keine Ahnung, schau doch mal da,	☐	☐	du sie sonst immer hinlegst!
e	Bitte notieren Sie alles,	☐	☐	Ihnen zu diesem Thema einfällt.
f	Das ist genau das,	☐	☐	ich mir schon so lange gewünscht habe. Vielen Dank!
g	Es gibt überall,	☐	☐	man hinsieht, Probleme. Das ist doch vollkommen normal!
h	Das ist zum Beispiel etwas,	☐	☐	ich mein Leben lang nicht verstehen werde.

A2 **2 So ein Pech! Ergänzen Sie.**

den ● wo ● wo ● was ● wo ● an denen ● der ● mit dem

> Lieber Herbert,
> tut mir leid, dass ich mich heute erst so spät melde, aber es war ein sehr anstrengender Tag: Erst habe ich meinen Laptop nicht mehr gefunden. Du weißt schon, den, ... (a) ich von meiner Firma bekommen habe, damit ich auch von zu Hause arbeiten kann. Ich habe überall gesucht, ... (b) ich sonst immer arbeite: am Küchentisch, auf dem Balkon, im Bett ... Und schließlich habe ich ihn da gefunden, ... (c) er hingehört: auf dem Schreibtisch :–). Tja, dann war es aber schon so spät, dass ich den Bus verpasst habe, ... (d) ich normalerweise zur Arbeit fahre. Zum Glück ist gerade mein Nachbar vorbeigefahren, ... (e) mich in die Stadt mitgenommen hat.
> Und nach der Arbeit habe ich dann gemerkt, dass meine Schlüssel nicht da waren, ... (f) sie sein sollten: in meiner Tasche. Die hatte ich nämlich zu Hause vergessen! Das sind so Tage, ... (g) alles, ... (h) schiefgehen kann, auch schiefgeht ...
> War Dein Tag wenigstens besser?
> Doris

A2 **3 Schreiben Sie Sätze mit *wo* oder *was*.**

a Heute kaufe ich mir etwas. Das hätte ich mir sonst vielleicht nicht gekauft.
Heute kaufe ich mir etwas, *was ich mir sonst vielleicht nicht gekauft hätte*.

b Komm, lass uns gehen. Hier gibt es wirklich nichts. Das können wir alles nicht brauchen.
Hier gibt es wirklich nichts, ...

c ● Der Stift ist ja toll. Wo gibt es den denn?
▲ Eigentlich überall. Na ja, natürlich muss es da auch Schreibwaren geben.
▲ Den Stift gibt es überall, ...

d Erinnerst du dich an dieses schöne Tal? Wir waren da vor einem Monat wandern.
Erinnerst du dich an dieses schöne Tal, ... ?

A2 **4 Ergänzen Sie die Sätze.**

a Ich fühle mich dort wohl, …
b Ich mag nichts, …
c Ich liebe alles, …
d Überall, …
e Nirgends, …
f Es gibt nichts, …

erholung
te int. 4
onen 9,
d 12

5 Sammeln – unsere Leidenschaft. Ergänzen Sie in der richtigen Form.

a Ich sammle Dosen aus der ganzen... Welt: Cola, Fanta, Sprite ... In unserer Garage steht inzwischen ein ziemlich hoh....... Turm.

b Mein Bruder findet elektrisch....... Eisenbahnen ganz toll. In unserem Keller haben wir deshalb eine riesig....... Modelleisenbahn.

c Meine Schwester liebt Puppen mit lang....... blond....... Haaren.

d Mein Vater bringt von jeder Reise ein neu....... Musikinstrument mit. Die Instrumente stehen alle in unser....... Wohnzimmer.

e Meine Mutter sammelt alt....... Bilderbücher. Zum Glück haben wir im Schlafzimmer noch etwas Platz.

6 Die Sammlung meines Großvaters

a **Lesen Sie den Text und ergänzen Sie die Endungen.**

Im Haus meines Großvaters war alles alt. Manche.... Dinge kamen mir vor, als ob sie aus einem ander....... Jahrhundert kommen würden. Deswegen habe ich meinen Großvater immer gern besucht.
Eines Tages erlaubte mir mein Großvater, ein paar Gegenstände mitzunehmen, die mir besonders gut gefielen. Da gab es viel....... interessant....... Dinge, z.B. seine rund....... Taschenuhr – eine an einer Kette hängend....... Uhr, die er immer bei sich trug. Besonders gern mochte ich auch eine eckig....... Spieldose mit einer tanzend....... Ballerina oben drauf. Die durfte ich behalten, ebenso ein alt....... schwarz-weiß....... Foto, auf dem ein schlafend....... Junge zu sehen ist. Das war mein Großvater, als er klein war. In einem Regal lag noch ein uralt......., nicht mehr funktionierend....... Radio herum. Das habe ich auch noch bekommen. Ein anderes Mal bekam ich zum Abschied zwei glänzend....... Ringe, die mein Großvater wohl selbst von seinem Großvater geschenkt bekommen hatte. Die werde ich dann selber einmal

mmatik
decken

b **Suchen Sie die passenden Endungen in den Aufgaben 5 und 6 a und ergänzen Sie sie in der Tabelle.**
Ergänzen Sie dann selbst die fehlenden Endungen in der Tabelle.

	Adjektiv			Partizip I		
maskulin	der	hoh.......	Turm	der	schlafend.......	Junge
	ein	hoh.......	Turm	ein	schlafend.......	Junge
neutral	das	neu.......	Instrument	das	funktionierend.......	Radio
	ein	neu.......	Instrument	ein	funktionierend.......	Radio
feminin	die	riesig.......	Eisenbahn	die	hängend.......	Uhr
	eine	riesig.......	Eisenbahn	eine	hängend.......	Uhr
Plural	die	alt.......	Bücher	die	glänzend.......	Ringe
	–	alt.......	Bücher	–	glänzend.......	Ringe

Das ist ein **hüpfender** Frosch.

B2

7 **Konkrete Poesie. Ergänzen Sie in der richtigen Form.**

a **Im Kaufhaus**
Die leise *klingende* (klingen) Musik
Ein .... (lächeln) Verkäufer
Die .... (einladen) Atmosphäre
Ein .... (weinen) Kind
Die .... (fragen) Kunden –
wieder Samstagmorgen.

b **In der Schule**
Man sieht einen leise
.... (sprechen)
Lehrer in einem Klassenzimmer
voll mit ....
(lachen) Kindern. Der Arme.

c **In der Tierhandlung**
Der .... (sprechen)
Papagei ruft „Guten Tag" aus seinem
.... (stinken) Käfig.
Wie nett!

d **Frühstücks-Überraschung**
Du freust dich über deinen noch halb
.... (schlafen) Partner,
der den Frühstückstisch mit
.... (staunen) Blicken
ansieht.

B2

8 **Ergänzen Sie in der richtigen Form.**

~~sprechen~~ • singen • führen • riechen • lohnen • beruhigen • passen

Gesucht – Gefunden

a **Mit dem *sprechenden* und .... Roboter von Tech-Max werden Sie Ihrem Kind eine riesige Freude bereiten. Leicht zu bedienen. Günstig abzugeben unter 0711-32 45 61**

b Nagelneuer, eleganter Hosenanzug, dunkelrot, mit farblich .... Bluse, Größe 40, zu verkaufen. Preis Verhandlungsbasis.

c **Ohne die wohl........................ Parfüms von Alavera gehe ich nicht mehr aus dem Haus. Sind Sie auch von diesem Produkt überzeugt? Dann helfen Sie uns beim Verkauf. .... Nebenjob. Unter 0163/35467231**

d **Kleines Häuschen im Bayerischen Wald zu vermieten. Genießen Sie die .... Stille und die frische Luft.**

e **Lichtronix ist einer der .... Lampen-Hersteller Deutschlands! Sehr gut erhaltene Lampe, Modell „Matto-Spezial", zu verkaufen.**

9 **Alles oder nichts! Ergänzen Sie *sowohl – als auch* oder *weder – noch*.**

Früher wollte ich alles!

a Ich wollte *sowohl*........... ein schönes Haus *als auch*........ ein tolles Auto.

b Außerdem wollte ich .... einen guten Job .... viel Geld verdienen.

c Dafür hatte ich aber nie Zeit! .... für meine Freunde .... für meine Familie.

Früher war ich nie glücklich!

Heute brauche ich (fast) nichts!

d Heute brauche ich .... ein Auto .... ein Haus.

e Ich brauche jetzt .... einen guten Job .... viel Geld.

f Jetzt habe ich Zeit: .... für meine Freunde .... für meine Familie.

Jetzt bin ich glücklich!

14-16 **10** **Hören Sie die Gespräche und ergänzen Sie *sowohl – als auch* oder *weder – noch*.**

a Das Buch sollte .... zu dick .... zu schwierig sein. Es sollte .... spannend .... lustig sein.

b Das Klima an seinem Reiseziel sollte .... zu heiß .... zu feucht sein. Herr Mansfeld möchte .... klettern .... im Meer baden.

c Sylvia mag .... Vanille- .... Erdbeereis. Sie möchte .... Sahne .... Schokoladensauce.

11 **Das Märchen vom Fischer und seiner Frau. Ergänzen Sie.**

Es war einmal ein Fischer, der lebte mit seiner Frau in einer alten Hütte. Jeden Tag ging er zum Fischen ans Meer. Eines Tages fing er einen besonders großen und merkwürdigen Fisch. Der Fisch sah ihn an und sagte: „Lass mich frei, dann wirst du in deinem Leben (a) .... unter Hunger .... unter Kälte leiden müssen, denn ich erfülle dir drei Wünsche!“ Der Fischer ließ den Fisch frei und ging nach Hause. Dort erzählte er seiner Frau von seinem Erlebnis und sie war begeistert. „Ich wünsche mir“, sagte sie, „(b) .... ein großes Haus .... einen großen Garten.“ Und – schon saßen sie darin. Nach einigen Minuten überlegte sich die Frau, dass sie sich eigentlich etwas viel Tolleres hätte wünschen können. Sie sagte: „Mir sind eigentlich (c) .... das Haus .... der Garten groß genug. Ich möchte etwas viel Größeres haben, nämlich (d) .... ein großes Schloss .... viele Diener. Mann, ich möchte Königin werden.“ Und – schon war es so. Der Fischer fühlte sich gar nicht wohl dabei, denn er kannte seine Frau. Und tatsächlich. Am nächsten Tag kam die Frau und sagte stolz zu ihrem Mann: „Ich weiß jetzt, was ich will. Ich möchte nur eins: Ich möchte sein wie Gott.“ Kaum hatte sie das ausgesprochen, da tat es einen großen Knall und der Fischer und seine Frau saßen wieder vor ihrer alten Hütte. Sie hatten nun (e) .... ein großes Haus .... ein Schloss, sondern waren arm wie zuvor.

Ich hab aber keinen Schlüssel gefunden, **weder** am Frosch **noch** in der Verpackung.

C3

12 Beschwerden. Ergänzen Sie.

~~ich musste leider zu Hause feststellen~~ ● nur eine Möglichkeit, nämlich ... ● kann ich verstehen, dass Sie verärgert sind. ● Ich bin wirklich sehr verärgert. ● Das Hauptproblem war ...

a ● Entschuldigen Sie, aber *ich musste leider zu Hause feststellen*, dass auf meinem Jackett immer noch Flecken sind. Das ist wirklich sehr ärgerlich, denn ich hätte es morgen gebraucht!
▲ Das gibt es ja gar nicht! Das tut mir wirklich sehr leid. Tja, aber ich sehe da eigentlich .... es noch einmal reinigen zu lassen. Sie könnten es aber dann leider erst morgen abholen.

b ● Guten Abend. Ich möchte mich beschweren. Ich bin gerade mit einer Stunde Verspätung hier in Stuttgart angekommen. ....
▲ Könnten Sie mir kurz berichten, was passiert ist?
● Also, ich bin heute von Mainz nach Stuttgart gefahren und weil wir über eine halbe Stunde Verspätung hatten, habe ich in Mannheim sowohl meinen Anschlusszug um 19:33 Uhr als auch den nächsten Zug um 19:55 Uhr nicht mehr bekommen. ...., dass auch meine Reservierung nicht mehr gültig war. Der Zug war so voll, dass ich die ganze Zeit stehen musste. Und jetzt komme ich mit einer Stunde Verspätung hier in Stuttgart an.
▲ Oh ja, da ....
Selbstverständlich bekommen Sie in Ihrem Fall 20 % Ermäßigung.

C4

13 Ein Beschwerdebrief. Schreiben Sie den Brief anders. Beginnen Sie mit den unterstrichenen Wörtern oder verbinden Sie die Sätze.

Heidelberg, den 14. ...

Sehr geehrter Herr Wenberg,

nachdem meine Frau und ich heute Morgen eine sehr unangenehme Diskussion mit Ihrem Hotelmanager Horst Blinkmann hatten, wende ich mich nun an Sie als den Geschäftsführer der Well-Hotelkette.
Es ging bei der Diskussion mit Herrn Blinkmann um Folgendes:

Wir haben in einem Ihrer Hotels, nämlich im „Gasthaus zum Neckar", in der Nacht von gestern auf heute übernachtet.
Wir sind schon mehrmals bei Ihnen zu Gast gewesen und waren immer sehr zufrieden. Wir haben uns aber dieses Mal wirklich sehr geärgert.

Wir hatten in Ihrem Restaurant zu Abend gegessen. Wir sind zu Bett gegangen und wollten schlafen. Nachdem
Es war aber leider nicht möglich, auch nur ein Auge zuzumachen. In unserem Nachbarzimmer wurde laut gefeiert. denn

Wir beschwerten uns bei der Rezeption darüber. Das Personal reagierte sehr unfreundlich. Leider hat sich bis drei Uhr nachts nichts geändert. Meine Frau und ich konnten nicht schlafen. sodass

Wir haben uns heute Morgen bei Herrn Blinkmann beschwert und um einen Preisnachlass gebeten. Er hat jedoch darauf bestanden, dass wir den vollen Preis bezahlen. Als

Wir wären Ihnen sehr dankbar, wenn Sie uns eine Ermäßigung auf den Übernachtungspreis geben könnten, und hoffen auf Ihr Verständnis.

Mit freundlichen Grüßen
...

Heidelberg, den 14. ...

Sehr geehrter Herr Wenberg,
nachdem meine Frau und ich heute Morgen eine sehr unangenehme Diskussion mit Ihrem Manager Horst Blinkmann hatten, wende ich mich nun an Sie als den Geschäftsführer der Well-Hotelkette. Bei der Diskussion ...

ibtraining

14 **Wählen Sie eine Situation und schreiben Sie einen Beschwerdebrief.**

Versuchen Sie dabei, unterschiedliche Satzanfänge zu verwenden.

a **Situation 1**

Sie haben bei einem deutschen Reisebüro eine Deutschlandreise gebucht. Die Reise war ganz nach Ihrem Geschmack und Sie haben sich wunderbar erholt. Als Sie zurückfliegen wollten, mussten Sie aber am Flughafen eine böse Überraschung erleben: Die Fluglinie, mit der Sie zurückfliegen sollten, existierte nicht mehr. Das Reisebüro kümmerte sich nicht um Sie. Sie hatten keine andere Möglichkeit: Sie mussten sich ganz allein einen teuren Rückflug organisieren. Beschweren Sie sich bei dem Reisebüro und fordern Sie die Hälfte der Reisekosten zurück.

b **Situation 2**

Wörterbuch per Internet bestellen ● lange Lieferfrist ● drei Wochen warten ● Wörterbuch auspacken – schlechte Druckqualität ● zurückschicken ● sehr ärgerlich, da als Geburtstagsgeschenk geplant ● Geld zurück

......, den ....

Sehr geehrte Damen und Herren,
am 2.06. habe ich bei Ihnen ...

15 **Lerntagebuch: Den Stil verbessern**

Wenn Sie einen Brief schön schreiben wollen, sollten Sie versuchen, die Satzanfänge zu variieren und die Sätze, wenn möglich, zu verbinden.

a **Ordnen Sie die Satzanfänge in dem Brief aus Übung 13.** LERNTAGEBUCH

Zeit-/Ortsangaben	*Wörter und Wendungen*
In der Nacht von ...	*Dieses Mal ...*

b **Blättern Sie doch noch einmal in *Schritte international 5* und *6* und überfliegen Sie Briefe und E-Mails. Welche weiteren Satzanfänge finden Sie? Notieren Sie sie.**

Zeit-/Ortsangaben	*Wörter und Wendungen*
In der Nacht von ...	*Dieses Mal ...*
Schon am ersten Tag ...	*Bei (der Diskussion) ...*
Letztes Jahr ...	*Das war ...*
	Schon (im Studium) ...

c **Probieren Sie es aus! Machen Sie eine Satzschlange.**

Schreiben Sie einen Satzanfang auf ein Stück Papier. Geben Sie das Papier Ihrer Nachbarin / Ihrem Nachbarn. Sie/Er soll den Satz ergänzen und einen weiteren Satzanfang daraufschreiben. Schreiben Sie so eine Geschichte.

Ich saß in meinem Zimmer. Plötzlich ...
kam mein Vater herein und fragte mich, ob ...

C4 **16** **Was passt zusammen? Ordnen Sie zu.**

a	küssen	die Kellnerin
b	sich ereignen	nach Regeln leben
c	die Bedienung	sich lieb haben
d	sich über etwas wundern	etwas erstaunlich finden
e	Gesetze beachten	sich mit Zahlen beschäftigen
f	in einwandfreiem Zustand	passieren
g	rechnen	völlig in Ordnung

C4 CD3 17-20 Phonetik **17** **Ein Restaurantbesuch**

a **Hören Sie und markieren Sie die Satzmelodie.**

1 ● Es tut mir leid, dass ich das sagen muss, aber heute waren wir gar nicht zufrieden. ☐ ↗ ☒ ↘
▲ Vielen Dank für Ihren Besuch.
● Ich habe gesagt, wir waren heute nicht zufrieden. ☐ ↗ ☐ ↘
▲ Oh! Was war denn nicht in Ordnung?

2 ● Die Suppe war kalt. ☐ ↗ ☐ ↘
▲ Ah, die Suppe! Eine Spezialität unseres Hauses.
● Aber die Suppe war kalt! ☐ ↗ ☐ ↘
▲ Ach so? Hm! Das darf natürlich nicht passieren.

3 ● Und wir mussten sehr lang auf die Bedienung warten. ☐ ↗ ☐ ↘
▲ Die Hanna … meine zuverlässigste Angestellte!
● Aber wir mussten sehr lang auf sie warten! ☐ ↗ ☐ ↘

4 ● Ach ja, und die Musik hier ist viel zu laut. ☐ ↗ ☐ ↘
▲ Ah, Sie mögen Musik? Ich auch! Ich liebe Musik!
● Schön. Aber wie gesagt, es ist alles viel zu laut. ☐ ↗ ☐ ↘
▲ Ich hoffe, Sie besuchen uns bald wieder …

b **Beschweren Sie sich mit Ihrer Partnerin / Ihrem Partner beim Kellner.**
Sie müssen alles zweimal sagen. Beschweren Sie sich das erste Mal ruhig ↘, das zweite Mal ungeduldig ↗.

die Suppe – versalzen ● das Fleisch – zäh ●
das Gemüse – halb roh ● die Spaghetti – zu weich ●
der Reis – zu hart ● der Wein – zu kalt ●
das Bier – zu warm ● die Teller – nicht sauber ●
die Tischdecke – schmutzig ● der Kellner – zu langsam

● Die Suppe ist versalzen. ↘
▲ Schmeckt Ihnen die Suppe?
● Nein, sie ist versalzen! ↗
▲ Oh! Das …

Prüfung **18**

Welche Anzeige passt zu welcher Situation? Ordnen Sie zu.
Zu einer Situation gibt es keine passende Anzeige.

Situation	1	2	3	4	5	6
Anzeige						

1 Sie möchten einen Tauchkurs machen, haben aber keinen Tauchanzug.
2 Sie möchten gern günstig eine Kleinigkeit essen gehen.
3 Sie sind Single und haben kaum Freizeit. Deswegen möchten Sie gern im Urlaub tanzen lernen.
4 Klassisches Theater mögen Sie nicht so gern, aber Sie würden gern ein fantasievolles Theaterstück sehen.
5 Sie möchten mit Ihrem Partner einen Tanzkurs machen, bevor Sie Ende Oktober heiraten.
6 Sie suchen eine Tauchschule, in der Ihre zehnjährige Nichte tauchen lernen kann.

A

grenzenlos
Tauch- und Unterwasserzentrum
Tauchen Abenteuer Spaß
Kindertauchen
Reisen
Waterkant 19, 22452 Hamburg, Tel. 040/56 32 79 11
www.grenzen_los.de, info@grenzen_los.de

B

Sport Anderl
Ihr Mountainbike- und Tauchprofi
Tauchschule & Verleih
Anzug Maß-Reparatur
Mountainbikes
www.sport-anderl.de
47532 Kleve · Am Rathaus 3
Tel: 02821-92063 / Fax: 92055

C

Tanzkreuzfahrt in der Karibik
Fort Lauderdale, Florida - Key West, Florida - Cozumel, Mexiko - Auf See - Cococay, Bahamas - Fort Lauderdale, Florida

Tanzen Sie mit: Tanken Sie tanzend Lebensfreude!
22.12.-29.12.
Nur noch bis 20.10. buchbar: ab 63 € pro Person/Nacht inklusive Kreuzfahrt, Vollpension und Tanzkursen an Bord.

www.karibikdance.de
Teilnahme auch ohne Partner möglich.
tanz-dich-fit-Reisen

T. 09131 / 28858 / F. 28890

D

fast food theater
DIE MONTAGS-SHOW
Improvisation im Theater Drehleier!
KARTEN: 089/48 27 42
www.fastfood-theater.de

E

Tanzsaal
Ted Parker
Fon: 743356
Krünerstraße 3, Partnachplatz
Anmeldung: ab sofort!

Grundkurse			
G1 Standard	Mo 19.9.	19:30	3 x 1 1/2
G2 Standard	Di 4.10.	21:00	3 x 1 1/2
G3 Latein	Mo 10.10.	19:30	3 x 1 1/2
Rock'n Roll			
R1 Anfänger	Di 20.9.	19:30	3 x 1 1/2
R2 Anfänger	Mi 12.10.	21:00	3 x 1 1/2

F

Pizza & Pasta
schnell, preiswert und frisch zu Hause auf den Tisch
Alle Speisen werden bei Auftragseingang frisch zubereitet!
Bei Bestellungen bis 18.30 Uhr 50 % auf alle Speisen und Getränke!
Liefergebiet: Innenstadt, Schwabing, Maxvorstadt, Lehel
Winzererstr. 13
Telefonische Bestellung unter 2723397 oder bequem online unter www.pizzaundpasta.de

Wichtige Wörter

Abgas das, -e ....
Altenheim das, -e ....
Bedienung die, -en ....
Darstellung die, -en ....
Druck der ....
Einzelheit die, -en ....
Entfernung die, -en ....
Fortschritt der, -e ....
Gang der, ¨-e ....
Gaststätte die, -n ....
Geschmack der, ¨-er ....
Gesetz das, -e ....
Griff der, -e ....
Lautsprecher der, – ....
Margarine die, -n ....
Mehl das, -e ....
Möglichkeit die, -en ....
Monitor der, -e ....
Reklame die, -n ....
Spezial- ....
Sprichwort das, ¨-er ....
Strecke die, -n ....
Taschenbuch das, ¨-er ....
Urteil das, -e ....
Verständnis das ....
Wirkung die, -en ....
Zustand der, ¨-e ....
Zweifel der, – ....

sich beziehen auf, bezog sich, hat sich bezogen ....
erfüllen ....
geraten in, gerät, geriet, ist geraten ....
küssen ....
lächeln ....
sich lohnen ....
rechnen ....
schieben, schob, hat geschoben ....
verlangen ....
versichern ....
sich wundern ....

durcheinander ....
farbig ....
frech ....
gewöhnlich ....
innere ....
künstlich ....
lebendig ....
lebensgefährlich ....
steil ....
still ....
völlig ....
vorig- ....
weiblich ....
witzig ....

ebenfalls ....
sobald ....
solange ....
sowohl ... als auch ....
weder ... noch ....
vorhin ....

Wiederholung

Produkte

das Ding
der Gegenstand
die Sache
die Marke
die Menge
das Modell
die Ware
die Garantie

Farbe

blau
braun
gelb
grün
rot
schwarz
weiß

dunkel
hell

Material

das Glas
das Holz
das Metall
das Plastik
der Stoff

Qualität

modern
neu
praktisch
gemütlich
sauber
schmutzig
hart
weich
fein

Form

die Breite
die Höhe
die Länge

breit
eng
lang
schmal
rund
eckig
flach
niedrig
hoch
tief

Maße und Gewichte

der Kilometer
der Meter
der Zentimeter

das Kilo
das Pfund
das Gramm
der Liter

wiegen

leicht
schwer

Preis

der Euro
der Cent
die Kosten
das Sonderangebot

kosten

bezahlen
teuer
billig
günstig
preiswert

Verpackungen

der Becher
die Dose
die Flasche
die Packung

Einkaufen und Geld

Einkaufen

der Einkauf
das Geschäft
der Laden
das Kaufhaus
der Supermarkt
die Kasse
der Katalog

einkaufen
verkaufen

Geld

die Bank
das (Bar)Geld
die EC-Karte
der Geldautomat
die Geldbörse
das Konto
der Kredit
die Kreditkarte
das Portemonnaie
die Quittung
die Zinsen
der Zoll

die Gebühr
der Betrag
der Wert

Geld abheben/
einzahlen/überweisen
einen Kredit aufnehmen

ausgeben
bezahlen
sparen
zahlen

Sie **werden** jetzt **wegfahren.**

A1

1 Was wird nächste Woche passieren? Ihr Horoskop verrät es Ihnen. Ergänzen Sie die Sätze im Futur.

Ihr Wochenhoroskop vom 30.7. bis 5.8.

21.04. - 20.05.

- **Liebe:** Halten Sie die Augen auf! Bald *werden* Sie Ihre große Liebe *finden*. (finden)
- **Geld:** Sie haben Glück. Ihre finanzielle Situation ………… sich mit Sicherheit ………… . (verbessern)
- **Beruf:** Gratulation. Beruflich machen Sie einen großen Schritt nach vorne.
- **Freunde:** Vorsicht. Ein guter Freund ………… Sie sehr ………… . (enttäuschen)

21.05. - 21.06.

- **Liebe:** Machen Sie Ihrem Partner keine Vorschriften. Das ………… an der Situation nichts ………… . (ändern)
- **Geld:** Achtung. Wenn Sie nicht aufpassen, ………… Sie viel Geld ………… . (verlieren)
- **Beruf:** Nutzen Sie die Chance. Man ………… Ihnen einige interessante Personen ………… . (vorstellen)
- **Freunde:** Nur Mut! Ihre Freunde unterstützen Sie bei Ihren Unternehmungen.

A3 Grammatik entdecken

2 Meine Zukunft

a Welche Wörter drücken die Zukunft aus? Lesen Sie und unterstreichen Sie.

Unsere Freitagsumfrage

Was bringt Ihre Zukunft?

Tanja

Nächstes Jahr bin ich mit der Schule fertig. Dann werde ich erst einmal für ein Jahr ins Ausland gehen.

Webers

Wir feiern in zwei Monaten noch einmal ein rauschendes Fest – unsere Goldene Hochzeit. Es wird sicher eine wunderbare Feier werden.

Sebastian

Mit 45 Jahren arbeite ich sicher nicht mehr. Ich werde dann ein Haus in der Toskana oder in der Provence haben, Golf spielen und in Ruhe mit meiner Frau das Leben genießen.

Werner

Ich freue mich einfach auf meinen Urlaub. Ich fahre nämlich im Sommer nach Spanien. Da werde ich mich wieder einmal so richtig erholen: nur Sonne, Strand und Disco.

b Lesen Sie noch einmal und ergänzen Sie in der Tabelle die Sätze im Präsens und im Futur.

1	Tanja	*ist*	*nächstes Jahr*	mit der Schule	*fertig*.
2	Dann	…………	sie	wohl für ein Jahr ins Ausland	………… .
3	Sebastian	…………	…………	sicher nicht mehr.	
4	Er	…………	dann	ein Haus	………… .
5	Webers	…………	…………	ihre Goldene Hochzeit.	
6	Es	…………		sicher eine wunderbare Feier	………… .
7	Werner	…………	…………	nach Spanien.	
8	Da	…………	er	sich so richtig	………… .

3 Was sagen die Personen? Schreiben Sie.

a
- eine Woche lang jeden Tag abspülen und die Blumen gießen
- früher aufstehen und mit dem Hund spazieren gehen
- mich nie mehr weigern, mein Zimmer aufzuräumen
- …

Ich werde ganz sicher …

b
- mich einmal pro Woche mit Freundinnen treffen
- gesünder essen
- mich nicht mehr über den Chef ärgern
- einmal im Monat zur Kosmetikerin gehen
- zweimal pro Woche ins Fitnessstudio gehen
- endlich den Mut haben und mich scheiden lassen

Im neuen Jahr …

4 Zukunftsvisionen. Wählen Sie eine Situation und schreiben Sie Sätze.

a *Wir werden …*

b *Ich werde heiraten und …*

Phonetik

5 Murphys Spezial-Zischel-Horoskop

21

a Hören Sie das Horoskop.

Dein Glücksstern zeigt dir, was passiert,
Wenn dich Murphys Gesetz regiert.

Wenn du was suchst, musst du verstehen:
Wo du ZULETZT schaust, wirst du's sehen.

Du willst mal schnell was reparieren?
STUNDEN wirst du damit verlieren!

Da, wo du bist, stehst du ganz lange:
Stets schneller ist die ANDERE Schlange!

Dein PC spinnt? Daten verliert er?
Beim Kundendienst, da funktioniert er!

Ich geb's dir schriftlich in 'nem Brief:
Was schiefgeh'n kann, geht sicher schief.

b Lesen Sie das Gedicht laut vor, so schön wie möglich.

B3

6 Polizeikontrolle

Lesen Sie das Gespräch und ergänzen Sie.

Es tut mir leid • überhaupt nicht in Frage • nicht mal ein Auge zudrücken • Ich wollte nur schnell • keine Absicht • So schlimm • ~~Sie haben ja recht~~ • bestimmt nie wieder vorkommen

● Guten Tag. Wissen Sie, warum wir Sie angehalten haben?
▲ Äh, ich bin mir nicht sicher. Bin ich vielleicht zu schnell gefahren?
● Sie haben gerade während der Fahrt mit Ihrem Handy telefoniert und das ist verboten.
▲ Hm, *Sie haben ja recht* . Aber es war doch nur ganz kurz. .... bei meinem Arzt anrufen und sagen, dass ich mich um zehn Minuten verspäte. Es wird ....
● .... , aber das kostet 40 Euro Strafe.
▲ Ach, kommen Sie. .... war das doch nicht. Das war höchstens eine Minute. Können Sie .... ?
● Das kommt .... ! Bitte geben Sie mir Ihren Führerschein, damit ich Ihre Personalien aufschreiben kann.
▲ Ach, Mensch, es war doch .... Ist Ihnen das noch nie passiert?

B3

7 Ergänzen Sie das Kreuzworträtsel.

1 In der Stadt ist mehr … auf den Straßen als auf dem Land.
2 Im Spätherbst und im Winter sollten Sie mit Winter… Auto fahren.
3 Auf der deutschen … gibt es keine Geschwindigkeitsbeschränkung.
4 Wenn ein Auto kaputt ist, kann man es in einer … reparieren lassen.
5 In Deutschland kann man seinen … mit 17 Jahren machen. Man darf aber erst mit 18 alleine Auto fahren.
6 Morgens, wenn alle Leute zur Arbeit fahren, gibt es häufig … auf den Straßen.
7 Ein anderes Wort für Auto ist Personenkraftwagen oder kurz … .

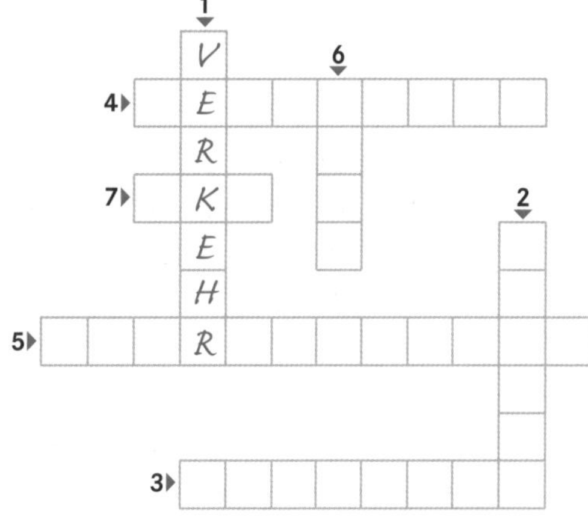

8 **Was ist richtig? Markieren Sie.**

a Entschuldigung. Wissen Sie, ob dieser Zug direkt nach Hamburg fährt oder ob man irgendwo aussteigen/umsteigen/einsteigen muss?

b Kannst du nicht ein bisschen schneller fahren? Ich möchte meinen Flug nicht vermissen/vergessen/verpassen.

c Pass auf, da vorne an der Ampel müssen wir links abbiegen/überholen/abholen.

d Oje, wir haben fast kein Benzin mehr. Wir müssen unbedingt so bald wie möglich bremsen/tanken/stoppen.

e Können Sie mir bitte sagen, ob der Zug aus Hannover pünktlich landet/ankommt/startet oder ob er sich verspätet?

9 **Was passt wo? Ergänzen Sie.**

~~Tank~~ ● zei ● Flug ● Fahr ● Bahn ● ~~stel~~ ● Fahr ● Schal ● ha ● ne ● plan ● hof ● fen ● sa ● Gleis ● ter ● ~~le~~ ● Durch ● ge ● Kenn ● Pan ● chen ● zeug

1

die Tankstelle...
....
....

2

....
....
....

3

....
....
....

10 ***Innerhalb* oder *außerhalb*? Ergänzen Sie.**

a Sehen Sie nicht das Schild? *Außerhalb*......... der markierten Flächen ist das Parken verboten.

b Entschuldigen Sie, aber .... des gesamten Gebäudes ist das Rauchen verboten.

c Vielen Dank für Ihren Anruf. Leider rufen Sie .... unserer Sprechzeiten an.

d Es dauert nicht lange. Ich bin .... von 15 Minuten bei dir.

e Es tut mir wirklich leid, Herr Thun, aber dieser Auftrag liegt .... meiner Möglichkeiten.

f Sie ist aufs Land gezogen, weil das Leben .... der Stadt viel günstiger ist.

g .... eines Jahres war er fünfmal krank.

C3

11 Leserbriefe

Der Gentleman ist wieder „in“

„Jede Frau träumt von einem Gentleman“, sagt Veronika Hauser – und sie

a Ergänzen Sie.

sehe ich das auch so ● ganz anderer Meinung ● meiner Meinung nach ● Ich bin der gleichen Ansicht ● ~~Ich finde~~ ● Ich glaube ● sehr wichtig ● ist das auch so ● Zusammenfassend möchte ich sagen ● ~~beziehe mich auf Ihren~~ Artikel

A

Sehr geehrte Damen und Herren,

ich *beziehe mich auf Ihren Artikel* „Der Gentleman ist wieder ‚in'" in Ihrer letzten Ausgabe vom 26.8. .... wie der Autor: Höflichkeit und gutes Benehmen sind ...., im Privatleben, aber vor allem auch im Beruf. In unserer Firma ....: Wenn jemand gute berufliche Qualifikationen hat, aber keine guten Umgangsformen, dann stellen wir ihn nicht ein. Stillose Menschen haben keine Chance bei uns.

Mit freundlichen Grüßen

S. Lindner

Personalchef

B

Sehr geehrte Damen und Herren,

ich nehme Bezug auf Ihren Artikel „Der Gentleman ist wieder ‚in'". *Ich finde* ... diese Benimm-Regeln, die dort präsentiert werden, total altmodisch. Ich bin da .... Wenn sich bei mir ein Mann so verhalten würde, dann würde ich den „Gentleman" auslachen. So ein Typ ist doch nur peinlich. ....: Wer für so ein Seminar Geld ausgibt, ist selbst schuld.

Es grüßt Sie

Renate Liebig, Sozialarbeiterin, Berlin

C

Sehr geehrte Damen und Herren,

mit großem Interesse habe ich Ihren Artikel „Der Gentleman ist wieder ‚in'" in Ihrer letzten Ausgabe vom 26.08. gelesen. Gutes Benehmen ist wichtig? Ja, grundsätzlich .... Aber .... hat gutes Benehmen nichts mit Männern oder Frauen zu tun. Ich würde lieber sagen: „Gefragt sind wieder Menschen mit Stil". Leider gibt es auch viele Mädchen und Frauen, die schlechte Manieren haben. Das finde ich als Mann auch nicht sehr attraktiv. ...., dass schon die Eltern zu wenig auf die gute Erziehung ihrer Kinder achten.

Mit freundlichen Grüßen aus Hannover

P. Kölsch, Berufsschullehrer

b Welche Meinung passt zu welchem Leserbrief? Ordnen Sie zu.

1 ☐ Viele Menschen haben ein schlechtes Benehmen, sowohl Männer als auch Frauen.
2 ☐ Wer höflich ist und ein gutes Benehmen hat, der hat es leichter im Leben, beruflich wie privat.
3 ☐ Viele Benimm-Regeln sind lächerlich und passen nicht mehr in unsere Zeit.

12 Einen Leserbrief schreiben

ibtraining

a Überlegen Sie zuerst und machen Sie Notizen.

- Gibt es zu dem Thema „Gutes Benehmen – ist das noch aktuell?“ aus dem Kursbuch, Seite 43, C4, a, eine These, die Ihnen gut gefällt oder die Sie ärgert?
- Warum finden Sie die These gut/richtig/schlecht/ärgerlich oder falsch? Was ist Ihr Standpunkt?
- Haben Sie vielleicht Erfahrungen gemacht, die zu Ihrer Meinung passen?

b Denken Sie daran!

- Schreiben Sie Ort, Datum, Anrede und Gruß sowie einen passenden Einleitungs- und Schlusssatz.
- Variieren Sie die Satzanfänge mit: *Allerdings, Aber, Natürlich, Leider, Zum Glück, Wahrscheinlich, Vielleicht* oder *Als ich einmal …, Weil ich …* .

c Schreiben Sie jetzt Ihre Meinung.

Bremen, den 5. Juli 20_

Sehr geehrte Damen und Herren,

ich beziehe mich auf Ihre Talkshow „Gutes Benehmen – ist das noch aktuell?“ …

13 Lerntagebuch: Das will ich nicht vergessen!

Schreiben Sie doch mal Ihre Erlebnisse auf! Was war heute für Sie wichtig, interessant, neu oder einfach nur schön? Haben Sie nette Leute kennengelernt, waren Sie an einem besonderen Ort? Haben Sie etwas Lustiges erlebt? Schreiben Sie – auf Deutsch natürlich.

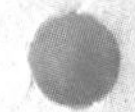

20. Juni

Vormittags habe ich gearbeitet. Mittags habe ich mich mit Irina zum Mittagessen getroffen. Eigentlich wollte ich sie zum Essen einladen. Aber beim Bezahlen habe ich gemerkt, dass ich mein Portemonnaie vergessen habe. Irina musste alles bezahlen. Oh, das war mir so peinlich!

2. August

Heute habe ich mich wahnsinnig über meinen Chef geärgert. Vor zwei Wochen hat er mir noch meinen Urlaub im September genehmigt und heute wusste er nichts mehr davon. Und dann hat er mich auch noch in aller Öffentlichkeit angeschrieen wegen eines Fehlers, den ich nicht gemacht habe. Am Gesichtsausdruck meiner Kollegen konnte ich sehen, dass alle es unmöglich fanden, aber keiner hat etwas gesagt. Ich kam mir vor wie ein kleines Kind, das von seinem Vater geschimpft wird. Ich war so sauer, dass ich einfach nach Hause gegangen bin, ohne mich zu verabschieden.

D3 **14** **Ergänzen Sie Nebensätze mit *da*.**

viele Freunde haben ● endlich Deutsch sprechen können ● alles neu für mich sein ● ~~in Berlin arbeiten wollen~~

a Vor fünf Jahren kam ich nach Deutschland, *da ich in Berlin arbeiten wollte*.

b ..., fühlte ich mich anfangs fremd.

c Dann machte ich einen Deutschkurs und es ging mir besser, ...

d Heute geht es mir richtig gut, ...

D3 **15** **Ergänzen Sie.**

a ● Mensch, Nina, du hier? Ich denke, du bist im Urlaub?
▲ Tja, das dachte ich auch. Aber dann ist mein Schwiegervater krank geworden. Na ja, und ☐ denn ☒ aus diesem Grund ☐ weil mussten wir hier bleiben.

b ● Hallo, Hannes, ich rufe an, weil ich heute Nachmittag kurzfristig einen wichtigen Termin reinbekommen habe. ☐ Denn ☐ Weil ☐ Deshalb muss ich dir leider absagen.
▲ Ja, schade, aber da kann man nichts machen. Probieren wir es eben nächste Woche noch einmal, oder?

c ● Du, was ist denn das für ein exotisches Gewürz in der Suppe?
▲ Das hat meine Mutter aus Marokko mitgebracht, ☐ weil ☐ da ☐ deswegen kann ich dir leider nicht sagen, wie es auf Deutsch heißt.

d ● Fahrt ihr wieder mit dem Auto nach Kroatien?
▲ Nein, diesmal fahren wir mit dem Zug, ☐ weil ☐ denn ☐ da die Straßen sind immer so furchtbar voll. Den Stress wollen wir uns dieses Jahr nicht wieder antun.

e ● Hi Sabine. Du, kann ich vielleicht einen Freund zu deiner Party mitbringen? Er ist gerade für eine Woche bei mir zu Besuch.
▲ Ja klar, kein Problem. Ich weiß sowieso nicht, wie viele Leute kommen, ☐ da ☐ denn ☐ deshalb schon einige abgesagt haben.

D3 Prüfung CD 3 22 **16** **Hören Sie die fünf Texte zweimal und kreuzen Sie an.**

1 Das Büro ist im Moment geschlossen. ☐ Richtig ☐ Falsch
Wenn man die Stadt besichtigen möchte, soll man …
a ☐ im Internet suchen. b ☐ in die Touristen-Information kommen. c ☐ zum Marktplatz gehen.

2 Lena und Benny wollen am Sonntag einen Ausflug mit dem Bus machen. ☐ Richtig ☐ Falsch
Was möchte Lena am Sonntag tun?
a ☐ sich ausruhen b ☐ Fahrrad fahren c ☐ schwimmen

3 Sie hören Veranstaltungstipps für das Wochenende. ☐ Richtig ☐ Falsch
Was findet vor dem Rathaus statt?
a ☐ eine Informationsveranstaltung b ☐ eine Tanzveranstaltung c ☐ ein Konzert

4 Die Durchsage hört man auf dem Bahnsteig. ☐ Richtig ☐ Falsch
Wenn man nach Köln fahren will, soll man …
a ☐ zum Gleis 23 gehen. b ☐ den Zug um 12.33 Uhr nehmen. c ☐ sich im Bahnhof informieren.

5 Es handelt sich um eine Einladung. ☐ Richtig ☐ Falsch
Was schlägt Jens vor?
a ☐ zusammen kochen b ☐ türkisch essen gehen c ☐ nach dem Essen etwas unternehmen

17 Ergänzen Sie die Sätze.

Ihre Meinung interessiert uns. Ist gutes Benehmen noch aktuell?

JA

(1) Ich finde Höflichkeit sehr wichtig, da *sie das Zusammenleben sehr viel einfacher macht*.

(2) Mir gefällt es, wenn ein Mann ....

(3) Meine Eltern haben immer auf gute Manieren geachtet. Deshalb ....

(4) Natürlich ist gutes Benehmen wichtig. Denn ....

NEIN

(5) Männer und Frauen sind doch heutzutage gleichberechtigt. Deswegen finde ich ....

(6) Ich finde es zum Beispiel lächerlich, wenn ein Mann ....

(7) Und es spielt doch keine Rolle, ob ....

(8) Was ist schon gutes Benehmen? Es ist viel wichtiger, dass man ....

Prüfung

18 Erfahrungen im Ausland

Lesen Sie den Text und entscheiden Sie, welches Wort aus dem Kasten (a–n) in die Lücken 0–8 passt. Sie können jedes Wort im Kasten nur einmal verwenden. Nicht alle Wörter passen in den Text.

Liebe Magdalena, lieber Tim,

vielen Dank für Euren Brief. Ich habe mich sehr ......0...... gefreut.
Ich bin jetzt schon ......1...... acht Wochen in Deutschland und es gefällt mir wirklich gut. Ich habe mich auch schon gut ......2...... das Leben hier gewöhnt und einige nette Leute kennengelernt, aber eine Sache ist für mich immer noch schwierig. Ihr wisst ja: ......3...... man in Australien jemanden fragt, wie es ihm geht, antwortet man immer mit „Pretty good" – also „Ganz gut", egal, wie es der Person wirklich geht. In Deutschland habe ich das am Anfang auch gesagt, ...4...... ich habe bald gemerkt, dass die Deutschen mehr erwarten. Ich wollte natürlich niemanden beleidigen, aber mehr zu sagen, fand ich zu persönlich. Ihr Deutschen seid in dieser Beziehung sehr offen. Von Euch erfährt man bei dieser Frage ......5...... , was gerade los ist: „Meine Mutter liegt im Krankenhaus, mein Sohn hat Grippe und ich habe gerade meinen Job verloren." ......6...... muss ich mich jedes Mal richtig anstrengen, wenn ich gefragt werde, wie es mir geht. ......7...... ich möchte ja nicht unfreundlich sein.
Na ja, aber daran gewöhne ich mich auch noch.
So, Ihr Lieben, ich muss Schluss machen. Ich freue mich schon ......8...... Euren nächsten Brief.

Liebe Grüße und alles Gute
Euer Davy

a	an	b	deshalb	c	auf	d	wollte	e	alles	f	für	g	wann
h	alle	i	aber	j	darüber	k	denn	l	dass	m	wenn	n	seit

0 ...*j*... 1 .... 2 ....
3 .... 4 .... 5 ....
6 .... 7 .... 8 ....

Regeln und Vorschriften

Kontrolle die, -n ....
Vorschrift die, -en ....
Genehmigung die, -en ....
Parkuhr die, -en ....

Verbot das, -e ....

behindern ....
bestimmen ....

Weitere wichtige Wörter

Absicht die, -en ....
Autor der, -en ....
Autorin die, -nen ....
Ehre die ....
Gegenwart die ....
in Gegenwart ....
Geschwindigkeit die, -en ....
Gewürz das, -e ....
Öffentlichkeit die ....
Rolle die, -n ....
Sozialarbeiter der, – ....
Sozialarbeiterin die, -nen ....
Standpunkt der, -e ....
Ursache die, -n ....
Waffe die, -n ....
Zeile die, -n ....

beweisen, bewies, hat bewiesen ....
ein·stellen ....
erhöhen ....
frieren, fror, hat gefroren ....

sich scheiden lassen, lässt, ließ, hat scheiden lassen ....
schimpfen ....
(an·)schreien, schrie, hat geschrieen ....
schützen ....
stoppen ....
überreden ....
verabschieden ....
sich verspäten ....
vor·kommen, kam vor, ist vorgekommen ....
sich weigern ....
zusammen·fassen ....

beleidigt ....
gleichberechtigt ....
offen ....
eben ....

innerhalb ....
selber ....

Wiederholung

Verkehrsmittel und -verbindungen

Verkehrsmittel

das Auto
der Lastwagen
der Lkw
das Fahrrad
das Motorrad
zu Fuß

die U-/S-Bahn
der Bus
die Straßenbahn
die Trambahn
das Taxi

die Bahn
die Eisenbahn
der Zug

das Boot
die Fähre
das Schiff

Das Auto

der Wagen
das Kfz
der Pkw
der Führerschein
der/die Fahrer/in
der Gang
der Motor
das Rad
der Reifen
der Kofferraum
das Kennzeichen

die Tankstelle
das Benzin
der Diesel
tanken

der Verkehr
die Autobahn
die Ausfahrt
der Stau

die Panne
die Werkstatt
das Werkzeug
der Transport

abbiegen
bremsen
überholen

Am Flughafen/ Bahnhof / An der Bushaltestelle

der Flug
die Fahrt
der Abflug
der Rückflug
die Abfahrt
die Ankunft
der Anschluss
der Fahrplan
die Verspätung

die Auskunft
die Durchsage

der Ausgang
der Eingang
das Gleis

der Automat
der Schalter
die Fahrkarte
das Ticket

(ab)fahren
(ab)fliegen
ankommen
aussteigen
einsteigen
umsteigen
abholen
zurückkommen/-fahren
starten
landen
verpassen

pünktlich
weit
zurück
hin und zurück

Wie lange muss ich eigentlich hier leben, **bis** mein Name richtig geschrieben wird?

Wiederholung **1** **Schreiben Sie die E-Mail neu. Verwenden Sie die Konjunktionen am Rand.**

Liebe Erika,

gestern ist mir was Komisches passiert. Also: Wie immer bin ich um halb sieben aufgestanden. Zuerst habe ich die Kaffeemaschine eingeschaltet, dann bin ich duschen gegangen. (bevor)
Zehn Minuten später bin ich wieder in die Küche gekommen, aber der Kaffee war immer noch nicht fertig! „Komisch", habe ich gedacht und mir die Kaffeemaschine genau angesehen. Natürlich, sie war kaputt, das rote Lämpchen brannte nicht. (als)
Typisch! Ich brauche ganz dringend einen Kaffee und dann ist die Maschine kaputt. (wenn)
Im Büro habe ich einen Kollegen gefragt, wo ich am besten eine neue Maschine kaufen kann. In der Mittagspause bin ich dann zu Elektro-Maier gegangen. (nachdem)
Am Abend war ich wieder zu Hause und wollte die Maschine natürlich sofort ausprobieren. Tja – kein Lämpchen brannte! Diese Maschine war also auch kaputt! (als)
Ziemlich wütend habe ich die Maschine wieder in den Karton gepackt – da ist mir was eingefallen: Ich habe den Stecker in eine andere Steckdose gesteckt. Sofort leuchtete das Lämpchen ... (während)
Es war also einfach die Steckdose, die kaputt war. Aber da ich die neue Maschine nun mal gekauft habe, behalte ich sie auch. Die alte steht im Schrank – für Notfälle. Denn ein Morgen ohne Kaffee ist einfach ein furchtbarer Morgen!

Bis bald (auf einen Kaffee?)
Dein Sebastian

Liebe Erika,
gestern ist mir was Komisches passiert. Also: Wie immer bin ich um halb sieben aufgestanden. Bevor ich duschen gegangen bin, habe ich die Kaffeemaschine eingeschaltet. ...

A2 **2** **Jetzt geht es mir gut! Schreiben Sie Sätze. Beginnen Sie mit *seit(dem)*.**

a regelmäßig joggen – nicht mehr so oft müde sein
Seit ich regelmäßig jogge, bin ich nicht mehr so oft müde.

b Zimmer in der Nähe der Uni bekommen haben – nicht mehr so viel Zeit in der U-Bahn verbringen müssen

....

....

c eigenen Computer haben – Seminararbeiten nicht mehr im Computerraum der Uni schreiben müssen

....

....

d jeden Tag Obst essen – mich sehr fit fühlen

....

3 **Jetzt ist alles anders. Schreiben Sie Sätze mit *bis*.**

a lange Haare haben – anfangen zu studieren
Ich hatte lange Haare, bis ich anfing zu studieren.

b genug Geld haben – die Miete für meine Wohnung selbst zahlen müssen
....

c einen eigenen Computer haben – regelmäßig ins Internet-Café gehen
....
....

d die Fußballweltmeisterschaft in Deutschland stattfinden – mich nicht für Fußball interessieren
....
....

4 **Ergänzen Sie *bis* oder *seit*.**

a ● Hallo Claus, wie geht es dir? Wir haben uns ja ewig nicht gesehen.
▲ Ja, das stimmt. .... ich das Praktikum in Österreich mache, bin ich nur selten hier.

b ● He, Moment mal. Auch Sie müssen warten, ... Sie an der Reihe sind. So geht das nicht.
▲ Oh, entschuldigen Sie. Ich habe Sie wirklich nicht gesehen.

c ● Entschuldigung, wie komme ich denn von hier zum Bahnhof?
▲ Das ist ganz leicht! Gehen Sie einfach geradeaus, ... es nicht mehr weitergeht, dann nach links. Da sehen Sie dann schon den Bahnhof.
● Vielen Dank.

d ● Sag mal, wie lange gibt es hier eigentlich schon das Hotel Neubauer?
▲ Keine Ahnung, aber .... ich hier wohne, gibt es das schon.

e ● Wie lange hast du denn gestern wieder vor dem Fernseher gesessen?
▲ .... mir die Augen zugefallen sind.

5 **Sagen Sie es mit einem Nebensatz. Verwenden Sie *während*, *bis*, *als* oder *seit*.**

a Carlos hat einen Brief vom Rechtsanwalt bekommen. Er ist nervös und weiß nicht, was er tun soll.
Seit Carlos einen Brief vom Rechtsanwalt bekommen hat, ist er nervös und weiß nicht, was er tun soll.

b Ich lernte Annette vor einem Jahr in einer Diskothek kennen. Ich wusste sofort: Sie ist die Frau meines Lebens.
....
....

c Klara passt auf Antons Hund auf. Anton kommt in vier Wochen aus dem Urlaub zurück.
....
....

d Du kaufst die Karten an der Kinokasse. Ich besorge schon mal Cola und Chips.
....

e Tommy muss noch in den Kindergarten. Er kommt im Herbst in die Schule.
....

A Wie lange muss ich eigentlich hier leben, **bis** mein Name richtig geschrieben wird?

A2 **6** **Mein Leben**
Lesen Sie, was Paul über sich erzählt. Schreiben Sie dann über Ihr Leben und verwenden Sie dabei *während*, *bevor*, *als*, *seit* und *nachdem*.

> Als ich 2001 eine Radtour durch Deutschland machte, lernte ich Sabine kennen. Wir waren schnell ein Paar und nachdem wir einige Zeit zwischen unseren beiden Wohnorten Hamburg und Düsseldorf gependelt waren, zog ich zu Sabine nach Hamburg. Bevor unsere Tochter Stina geboren wurde, lebten wir in der kleinen Zweizimmerwohnung von Sabine. Noch während Sabine mit Stina schwanger war, begann ich, nach einem Häuschen für uns zu suchen. Und als Stina drei Monate war, konnten wir in unser eigenes Haus einziehen. Seit Sabine und Stina in meinem Leben sind, habe ich das Gefühl, dass mein Glück komplett ist.

Nachdem ich 2004 nach London gezogen war, begann ein ganz neues Kapitel meines Lebens: …

A2 **7** **Zeit, Zeit, Zeit …**

a **Unterstreichen Sie alle Konjunktionen, die etwas mit Zeit zu tun haben.**
weil ● bevor ● während ● als ● wenn ● nachdem ● dass ● damit ● um zu ● seitdem ● falls ● indem ● da ● bis

b **Schreiben Sie zu jeder unterstrichenen Konjunktion aus a einen Beispielsatz über sich selbst.** LERNTAGEBUCH

Bevor ich mit dem Studium begonnen habe, habe ich eine lange Reise gemacht.

A3 Phonetik **8** **Wenn man aufgeregt ist, spricht man schnell.**
CD3 23

a **Hören Sie und markieren Sie die Betonung ⁄.**

Was ist denn dás?
Nicht mal meinen Námen können die richtig schreiben!
Wie lange muss ich eigentlich hier leben, bis mein Name richtig geschrieben wird?
Darf ich vielleicht einen Satz zu Ende bringen, ohne dass du mich unterbrichst?
Das ist Quatsch! Du glaubst doch nicht wirklich, dass ich mir so was kaufe?
Ich sollte denen mal so richtig die Meinung sagen!
Bei dieser Sache stimmt gar nichts!
Das müssen Sie mir glauben!

b **Sprechen Sie die Sätze so schnell wie möglich. (Vorgabe: 20 Sekunden)**

A3 Phonetik **9** **Wenn man jemanden beruhigen will, spricht man langsam.**
CD3 24

a **Hören Sie und markieren Sie die Betonung ⁄ und die Pausen |.**

Berúhigen Sie sich doch.
Das kann doch jedem|mal passieren.
Jetzt erzählen Sie erst mal, was passiert ist.
Sie müssen einfach etwas Geduld haben.
Wir werden schon eine Lösung finden.

b **Sprechen Sie die Sätze langsam. (Vorgabe: 20 Sekunden)**

10

a Wie erreichen Sie Ihr Ziel? Was passt? Ordnen Sie zu.

1 sich fit halten
2 die Wohnung sauber halten
3 neue deutsche Wörter lernen
4 im Supermarkt viel Geld sparen
5 Probleme oft lösen
6 lernen, den Computer zu bedienen

alles ausprobieren und sehen, was passiert
nur kaufen, was auf der Einkaufsliste steht
regelmäßig Sport treiben
jeden Samstag zwei Stunden putzen und aufräumen
Wortkarten schreiben und sie immer mitnehmen
sich Rat bei Freunden und Eltern holen

b Schreiben Sie Sätze mit *indem*.

1 *Ich halte mich fit, indem ich regelmäßig Sport treibe.*
2 ……
3 ……
4 ……
5 ……
6 ……

…erholung …te int. 5 …on 6

11 Warum gehen Sie zum Rechtsanwalt? Schreiben Sie Sätze mit *damit* oder *um … zu*. Verwenden Sie, wenn möglich, *um … zu*.

Ich gehe zum Rechtsanwalt,

a *damit er mich berät* …… (er mich beraten)
b ……
(eine Auskunft von einem Experten bekommen)
c …… (nichts falsch machen)
d …… (er alles für mich regelt)
e …… (mein Recht bekommen)

…erholung …te int. 5 …on 6

12 Geben Sie Tipps. Schreiben Sie Sätze mit *ohne … zu* oder *statt … zu*.

a (nie aus der Wohnung gehen dürfen – Schlüssel mitnehmen)
Du darfst nie aus der Wohnung gehen, ohne einen Schlüssel mitzunehmen.
b (kein gutes Examen machen können – sich darauf vorbereiten und dafür lernen)
……
c (auch mal spazieren gehen sollen – immer nur fernsehen)
……
d (deine Eltern auch mal besuchen sollen – sie immer nur anrufen)
……
e (nicht zu diesem Arzt gehen können – Termin vereinbaren)
……

Das regelt man am besten, **indem** man sich beraten lässt.

B1 Grammatik entdecken

13 *ohne dass – ohne zu*

a Lesen Sie die Sätze und kreuzen Sie an.

	Im Hauptsatz und Nebensatz ...	**handelt dieselbe Person**	**handeln verschiedene Personen**
1	Peter geht zur Schule, ohne dass er ein Pausenbrot mitnimmt.	x	
2	Elvira heiratet Bernd, ohne dass sie ihn liebt.		
3	Franz kauft ein Auto, ohne dass seine Frau davon weiß.		
4	Kann ich nicht mal allein ausgehen, ohne dass du gleich böse auf mich bist?		
5	Ich kann dir nicht helfen, ohne dass ich ganz genau weiß, worum es geht.		

b In welchen Sätzen aus a können Sie auch *ohne ... zu* benutzen?

In den Sätzen 1, ...

c Schreiben Sie die Sätze aus b mit *ohne ... zu*.

1 Peter geht zur Schule, ohne ein Pausenbrot mitzunehmen.

...

B2

14 Herr Müller beim Rechtsanwalt.
Schreiben Sie Sätze mit *ohne ... dass* oder *ohne ... zu*.

1 Ich soll der Firma Texclean 34 Euro für die Reinigung von zehn Hemden bezahlen. Von mir hat die Firma aber keine Hemden bekommen.

2 Ich möchte das regeln. Aber ich möchte die Reinigung der Hemden nicht bezahlen.

3 Sie haben einen Mahnbescheid von der Firma Texclean bekommen? Sie kennen diese Reinigung überhaupt nicht.

4 Sie haben den Mahnbescheid vom Gericht bekommen. Zuvor haben Sie keine Mahnungen von der Firma bekommen?

1 Ich soll der Firma Texclean 34 Euro für die Reinigung von zehn Hemden bezahlen, ohne ...

B2

15 Was ist richtig? Kreuzen Sie an.

a Wie kann jemand verurteilt werden, ☐ indem ☐ ohne dass das Gericht Beweise hat?

b Du kannst nicht Mitglied in einem Nichtraucherclub werden, ☐ indem ☐ ohne dass du auch wirklich aufhörst zu rauchen.

c Ich glaube, wir können dieses Problem nur lösen, ☐ indem ☐ ohne dass wir zum Rechtsanwalt gehen.

d Du solltest der Anwalt-Hotline keine Anfrage schicken, ☐ indem ☐ ohne dass du dir einen Kostenvoranschlag machen lässt.

e Du musst dich absichern, ☐ indem ☐ ohne dass du dir den Namen und die Adresse des Anwalts notierst.

f Du bekommst alle Informationen über die Hotline, ☐ indem ☐ ohne dass du unter Anwalthilfe-online.de ins Internet schaust.

16 So ist meine Familie! Korrigieren Sie die Sätze.

a Ich verdiene Geld, indem ich an roten Ampeln den Motor ausmache.
b Meine Mutter spart Benzin, ohne dass sie sich besonders anstrengen muss.
c Unsere Katze fängt Mäuse, indem sie viel in der Welt herumreist.
d Meine Schwester lernt viele Sprachen, indem sie am Wochenende immer für uns frische Brötchen holt.
e Mein Vater macht uns allen eine Freude, indem er stundenlang vor dem Loch der Mäuse sitzt.
f Mein kleiner Bruder geht oft allein zum Schwimmen, indem er täglich dreimal anruft.
g Meine Tante geht uns manchmal auf die Nerven, ohne dass meine Eltern das erlauben.

a Ich verdiene Geld, ohne dass ich mich besonders anstrengen muss.

17 Ergänzen Sie.

es noch einmal kontrollieren ● ~~die 111 111 111 wählen und uns ein Foto schicken~~ ● sich vor den Spiegel stellen und abdrücken ● lange warten müssen ● uns einfach Ihre Kontonummer mitteilen ● dafür extra bezahlen müssen

Bin ich schön? – Der Beratungsservice für alle, die gut aussehen wollen

Sie wollen wissen, ob Sie schön genug sind fürs Treffen mit der oder dem Liebsten? Aber es ist gerade keiner da, den Sie fragen können?

Kein Problem! Sie bekommen sofort eine Antwort, indem
Sie die 111 111 111 wählen und uns ein Foto schicken .... (a).
Natürlich geht das nicht ohne Foto-Handy!
Machen Sie ein Foto von sich, indem
.... (b).
Aber schicken Sie uns das Foto nicht, ohne dass
.... (c).
Denn nur, wenn man Sie gut sehen kann, können wir Sie gut beraten. Und alles, ohne dass
.... (d),
denn innerhalb von drei Minuten erhalten Sie per SMS unsere Antwort.
Und mit dabei: viele Schönheitstipps, ohne dass
.... (e).
Und die Kosten? – Nun, auch das ist kein Problem. Sie bezahlen, indem
.... (f).

18 Was passt? Kreuzen Sie an.

a Man wird für falsches Verhalten im Straßenverkehr ☐ betrogen ☐ bestraft ☐ verraten.
b Jugendliche brauchen ☐ die Regel ☐ die Erlaubnis ☐ den Beweis ihrer Eltern, um in Bibliotheken den öffentlichen Internet-Zugang nutzen zu können.
c Wir haben die Sache erst einmal ☐ schriftlich ☐ unbedingt ☐ mündlich am Telefon besprochen.
d Der schwäbische Ex-Bürgermeister Peter Flüger wurde gestern wegen Betrugs zu einer Geldstrafe von 10.000 Euro ☐ verraten ☐ verurteilt ☐ beschädigt.
e Du brauchst nicht mehr zu fragen. Meine Entscheidung ist ☐ endgültig ☐ ziemlich ☐ unbedingt.

C3 **19** **Schreiben Sie die Sätze neu. Verwenden Sie *außer*, wo es möglich ist.**

Was für eine blöde Geburtstagfeier! Ich hatte alle meine Freunde am Sonntag zum Brunch in ein Restaurant eingeladen. Aber es war gar nicht so schön, denn ...

a alle Freunde sind gekommen, nur meine beste Freundin Britta nicht.

b das Restaurant ist eigentlich immer geöffnet, nur nicht am Sonntag.

c das andere Restaurant, das wir gefunden haben, hatte zwar geöffnet, aber es gab keine vegetarischen Gerichte. Also haben alle etwas gegessen, nur ich nicht!

d das Essen hat keinem so richtig geschmeckt. Nur Dörte hat gleich zwei Portionen gegessen.

e am Ende waren wir auch noch alle betrunken, nur Fredi nicht! Das fanden alle lustig, nur er nicht.

f als ich bezahlen wollte, habe ich festgestellt, dass ich nicht genug Geld habe. Niemand wollte mir etwas leihen, nur mein Freund Fredi. Der hat mir 50 Euro gegeben.

g Also, zu meinem nächsten Geburtstag lade ich niemanden mehr ein, nur vielleicht meinen lieben Fredi und meine Eltern.

a Alle Freunde sind gekommen außer meiner besten Freundin Britta.

C3 Prüfung **20** **Gespräch über das Thema „Engagement"**

Sehen Sie die Fotos an.

- Einigen Sie sich zuerst mit Ihrer Partnerin / Ihrem Partner, wer etwas zu Foto 1 und wer etwas zu Foto 2 sagt.
- Beschreiben Sie Ihrer Partnerin / Ihrem Partner dann, was Sie auf Ihrem Foto sehen.
- Sprechen Sie auch über das Engagement der Leute (Wie engagieren sie sich und wofür? Wie viel Zeit nehmen sie sich wohl für ihr Engagement? usw.)
- Sprechen Sie mit Ihrer Partnerin / Ihrem Partner über Ihre persönliche Situation. (Wofür engagieren Sie sich oder würden Sie sich gern engagieren? Warum engagieren Sie sich nicht?)

21 **Nächstenliebe: Geschichten, die das Leben schrieb**

a **Zu welcher Überschrift passen die Stichwörter?**

- ☑ im Lotto 100.000 Euro gewonnen
- ☐ durch das Dachfenster klettern
- ☐ Kurs besuchen
- ☐ Tier ängstlich aussehen
- ☐ den ganzen Tag nur Deutsch sprechen
- ☐ als Kind selbst im Heim gewesen
- ☐ einsame, alte Frau leidtun
- ☐ „Ich liebe dich" auf Deutsch sagen wollen
- ☐ sich gut festhalten müssen
- ☐ nicht mehr selbst einkaufen und die Wohnung sauber machen können
- ☐ Kindern etwas Gutes tun wollen
- ☐ sonst ins Altersheim müssen

1 **50.000 Euro Spende für Kinderheim**

2 **Junge rettet Katze vom Hausdach**

3 Junger Mann lernt wegen der Liebe in 6 Monaten perfekt Deutsch

4 **Junge Frau pflegt 90-jährige Nachbarin bis zum Tod**

b **Wählen Sie eine Überschrift aus a und schreiben Sie dazu eine kleine Geschichte.**

Junge rettet Katze vom Hausdach

Der 10. Oktober war für Arthur ein ganz besonderer Tag!
Der 10-Jährige fuhr wie immer mit dem Rad zur Schule, als er plötzlich ...
...
Tja, und so hatte die kleine Stadt Dahn einen ganz besonderen Helden.

22 **Ihre Vorbild-Biografie**
Im Laufe eines Lebens ändern sich die Vorbilder. Welche Vorbilder hatten Sie, als Sie jünger waren? Überlegen Sie und schreiben Sie.

Als ich 7 Jahre alt war, war meine Lehrerin mein Vorbild, weil sie auf jede Frage eine Antwort wusste.
Mit 10 wollte ich wie meine Tante sein. Sie war immer modern gekleidet und hatte eine tolle Frisur.
...

Wiederholung **23** **Eine Diskussion führen**

a **Was passt? Machen Sie eine Tabelle und tragen Sie die Wendungen ein.**

Ich ~~bin mir nicht sicher~~, … ● Ich glaube, dass … ● Das denke ich auch. ● Was meinen Sie dazu? ● Das kann schon sein, aber … ● Ja, ganz genau! ● Meine Meinung ist … ● Ich finde/denke, dass … ● Das finde ich überhaupt nicht. ● Und du? Was denkst du darüber? ● Aber da bin ich ganz anderer Meinung. ● Wie ist Ihre Meinung? ● Ich bin derselben Meinung. ● Ich weiß es nicht genau.

seine Meinung vertreten	unsicher sein	zustimmen	widersprechen	andere nach ihrer Meinung fragen
	Ich bin mir nicht sicher, …			

b **Kennen Sie noch weitere Wendungen? Ergänzen Sie sie in der Tabelle.**

E2 **24** **Was passt nicht? Streichen Sie durch.**

a eine Meinung: haben – sagen – vertreten – ~~sein~~
b zusammen über ein Thema: reden – diskutieren – erzählen – sprechen
c eine Lüge: erzählen – lügen – erkennen – glauben
d Nachteile: lügen – sehen – haben – fürchten
e die Wahrheit: sagen – schönreden – erfahren – helfen

E3 **25** **Hilfe von Frau Edelgart**
Lesen Sie den Brief. Welches Problem hat Frau Müller-Polat? Ergänzen Sie.

Liebe Frau Edelgart,

ich schreibe Ihnen, weil ich nicht weiß, was ich tun soll. Ich habe eine Freundin, die ich schon über zehn Jahre kenne. Vor ca. drei Jahren habe ich ihr 1000 Euro geliehen. Sie wollte sich ein Auto kaufen, das sie brauchte, um zur Arbeit zu fahren. Obwohl wir vereinbart hatten, dass sie mir monatlich 100 Euro zurückzahlt, habe ich das Geld nie bekommen. Sie hatte jedes Mal eine neue Ausrede, bis sie nichts mehr dazu sagte. Weil sie meine beste Freundin ist, habe ich nichts dazu gesagt.

Aber gestern kam sie wieder zu mir, um Geld zu leihen. Diesmal braucht sie 500 Euro für einen neuen Computer. Sie sagt, dass sie den unbedingt für ihren Beruf braucht. Eigentlich möchte ich ihr das Geld nicht geben, aber sie ist doch meine Freundin und ich möchte sie nicht verlieren.

Ihre Jutta Müller-Polat

Sie hat ihrer .... Freundin vor .... Jahren .... Die Freundin hat von dem Geld ...., damit sie zur Arbeit .... Die Freundin sollte jeden Monat .... Aber Frau Müller-Polat hat ....
Jetzt möchte die Freundin .... für .... leihen.
Frau Müller-Polat weiß nun nicht, ...

26 Rat von Frau Edelgart. Welcher Satz passt zu welchem Brief? Kreuzen Sie an.

A *Liebe Frau Müller-Polat,*

da haben Sie wirklich ein großes Problem. Aber ist diese Frau wirklich Ihre Freundin oder sucht sie ihren eigenen Vorteil? Heißt Freundschaft nicht, ehrlich und fair zu sein? Ich an Ihrer Stelle würde mit der Freundin offen sprechen. Erinnern Sie sie daran, dass Sie ihr schon einmal Geld geliehen haben, das Sie nicht zurückbekommen haben. Warten Sie ab, wie Ihre Freundin reagiert. Auf alle Fälle sollten Sie mit Ihrer Freundin reden, bevor Sie ihr wieder etwas leihen.

B *Liebe Frau Müller-Polat,*

eine schwierige Gewissensfrage, die Sie mir da stellen. Geldfragen sind immer ein Problem für Freundschaften. Aber Sie sollten auch die Situation Ihrer Freundin sehen.
Ich glaube schon, dass sie Ihnen das Geld zurückzahlen möchte. Aber manchmal ist das Leben sehr schwierig und wir können nicht so, wie wir gerne wollen. Vielleicht ist Ihre Freundin wirklich in einer schwierigen Situation. Ich würde an Ihrer Stelle die Freundschaft an die erste Stelle setzen.

		Brief **A**	Brief **B**
1	Frau Müller-Polat soll mit ihrer Freundin über das Problem sprechen, statt ihr sofort das Geld zu geben.	☒	☐
2	Es könnte sein, dass Frau Müller-Polats Freundin in Schwierigkeiten ist. Darum sollte sie ihr helfen.	☐	☐
3	In einer Freundschaft ist Ehrlichkeit sehr wichtig.	☐	☐
4	Die Freundschaft ist wichtiger als das Geld.	☐	☐

Prüfung

27 Ihre Freundin hat Sie zu einem Gespräch über ihre Schulden bei sich eingeladen.

a Lesen Sie die Entschuldigungsmail und bringen Sie die Teile in die richtige Reihenfolge.

- ☐ Ich finde es aber wichtig, dass wir uns treffen. Wie wäre es am Montag in einer Woche?
- ☐ vielen Dank für Deine Einladung. Ich finde es gut, dass Du mit mir über dieses Problem sprechen willst.
- 1 Liebe Heidi,
- ☐ Leider kann ich am Donnerstagabend nicht, weil ich da meine Mutter besuche.
- ☐ Liebe Grüße

b Schreiben Sie selbst eine Entschuldigungsmail mit den folgenden Angaben. Denken Sie an die Anrede und den Schluss.

gut, sich zu treffen ● Elternabend haben ● besser am Dienstag

Regeln (2)

Beweis der, -e ....
Erlaubnis die ....
Prozess der, -e ....

berücksichtigen ....
bestrafen ....

betrügen, betrog, hat betrogen ....
regeln ....
verurteilen ....

fair ....

Weitere wichtige Wörter

Briefträger der, – ....
Bürgersteig der, -e ....
Club der, -s ....
Demonstration die, -en ....
Ereignis das, -se ....
Frieden der ....
Instrument das, -e ....
Kasten der, ¨ ....
Nichtraucher der, – ....
Nichtraucherin die, -nen ....
Parkhaus das, ¨er ....
Recherche die, -n ....
Sinn der ....
(wenig/keinen) Sinn haben ....
Summe die, -n ....
Tafel die, -n ....
Verhältnis das, -se ....
Wirt der, -e ....
Wirtin die, -nen ....

auf·heben, hob auf, hat aufgehoben ....
aus·stellen ....
beschädigen ....

betragen, beträgt, betrug, hat betragen ....
(sich) ein·setzen für ....
erfahren, erfährt, erfuhr, hat erfahren ....
fürchten ....
retten ....
verraten, verrät, verriet, hat verraten ....
versäumen ....

blind ....
endgültig ....
entschlossen sein ....
finanziell ....
großzügig ....
mündlich ....
negativ ....
rege ....
taub ....
unheimlich ....

gratis ....
kürzlich ....

außer ....

Wiederholung

Zeiten
das Jahr
der Monat
der Tag
die Stunde
die Minute
die Sekunde

das Datum
die Frist
die Geschäftszeit
der Kalender
der Moment
die Öffnungszeit
der Termin
der Terminkalender
die Uhr
die Uhrzeit

dauern
geöffnet von ... bis
öffnen
einen Termin absagen/verschieben/vereinbaren
sich verabreden

früh
spät
später
bald
zuerst
zum Schluss
zuletzt

immer
fast immer
meistens
oft
manchmal
selten
fast nie
nie

Jahr/Jahreszeit
der Frühling / das Frühjahr
der Sommer
der Herbst
der Winter

Monat
der Januar
der Februar
der März
der April
der Mai
der Juni
der Juli
der August
der September
der Oktober
der November
der Dezember

Anfang/Ende/Mitte ...

Woche
der Montag
der Dienstag
der Mittwoch
der Donnerstag
der Freitag
der Samstag / der Sonnabend
der Sonntag
das Wochenende
der Wochentag
montags
dienstags
mittwochs
donnerstags
freitags
samstags/sonnabends
sonntags

Tag
der Morgen
der Vormittag
der Mittag
der Nachmittag
der Abend
die Nacht

morgens
mittags
abends
nachmittags
nachts

heute
morgen
übermorgen
gestern
vorgestern

täglich
werktags
wochentags

Alltag und Haushalt
der Haushalt
der Alltag

wecken
aufstehen
anziehen
ausruhen
ausziehen
schlafen
aufräumen
putzen
spülen
nähen

Mahlzeiten
das Frühstück
frühstücken
das Mittagessen
das Abendessen

Durst/Hunger haben
essen
trinken
kochen
braten
schneiden
backen

Sie sind doch sicher auch für **schönere** Spielplätze!

Wiederholung *Schritte int. 4 Lektion 9*

1 Ergänzen Sie.

a klein *kleiner* .... *am kleinsten* ....
b jung ....
c alt ....
d gesund ....
e gut ....
f nett ....
g gern ....
h viel ....

A2 Grammatik entdecken

2 Europa der Superlative.

a Ergänzen Sie in der richtigen Form.

A Wer war bisher der *teuerste*.... **(teuer) Fußballspieler aller Zeiten?**
Der Franzose Zinédine Zidane: Sein Wechsel zu *Real Madrid* kostete den Verein im Jahr 2001 71,6 Millionen Euro.

B Wo liegt der .... **(tief) Straßentunnel?**
Auf der ganzen Welt existiert kein .... (tief) Tunnel als der sogenannte Hitra-Tunnel in Norwegen. Er ist 5,6 km lang und führt bis in eine Tiefe von 264 m unterhalb des Meeresspiegels.

C Welche Band verdient heute noch mit ihren Songs .... **(viel) Geld als jede andere Musikgruppe der Welt?**
Trotz ihrer Auflösung im Jahr 1970 waren die Beatles zur Jahrtausendwende weltweit immer noch die .... (reich) Musiker.

D Wo findet die weltweit .... **(groß) internationale Automobilausstellung statt?**
Es gibt viele große Automobilausstellungen auf der Welt, aber mit jährlich knapp einer Million Besuchern und 50 Ausstellern aus aller Welt gibt es wohl keine .... (groß) Automobilausstellung als die IAA in Frankfurt am Main.

E Wo steht das .... **(kalt) Hotel der Welt?**
In Schweden. 200 km nördlich des Polarkreises entsteht jedes Jahr aufs Neue in wochenlanger Arbeit ein Hotel aus Schnee und Eis. Man sitzt und isst auf Eisstühlen an Eistischen und schläft in Eisbetten.

F Welche Schauspielerin stand noch im Alter von 114 Jahren vor der Kamera?
Das war die Französin Jeanne-Louise Calmentin in dem Film „Vincent und ich". Sie war somit die .... (alt) Schauspielerin, die je in einem Film mitgespielt hat.

b Ergänzen Sie die Tabelle.

der	teur(e)	Spieler	der	*teurer(e)*........	Spieler	der	*teuerst(e)*......	Spieler
den	teuren	Spieler	den	....	Spieler	den	....	Spieler
ein	teurer	Spieler	ein	....	Spieler			
einen	teuren	Spieler	einen	....	Spieler			

A2

3 Vergleiche. Ergänzen Sie in der richtigen Form.

~~hoch~~ ● viel ● gut ● schnell ● wenig

a In Irland und Frankreich werden .... Kinder geboren als im Rest Europas.
b Es ist bewiesen, dass Japaner durch ihre Ernährungsweise ein *höheres*........ Lebensalter erreichen als Menschen in der Europäischen Union.
c Angeblich gibt es in Süddeutschland immer .... Wetter als in Norddeutschland.
d Seit der Erfindung des Internets ist eine noch .... Kommunikation möglich, als das vorher der Fall war.
e Aufgrund von vielen Gesundheitskampagnen rauchen in Europa immer .... Menschen. Vor 20 Jahren haben noch etwa 50% der Männer geraucht, heute sind es knapp unter 40%.

4 **Wussten Sie schon, dass ...? Ergänzen Sie in der richtigen Form.**

groß ● lang ● gut ● hoch ● ~~viel~~

Wussten Sie schon, dass ...

a Nordrhein-Westfalen die *meisten* .... Einwohner Deutschlands hat, nämlich 18 Millionen, und somit mehr Einwohner als die Schweiz und Österreich zusammen?

b das .... Drehrestaurant der Welt im Schweizer Wallis auf 3.500 Meter liegt?

c der von den Naturfreunden Österreichs entwickelte „Kulturweg Alpen" mit seinen gut 1.800 Kilometern Länge der .... Wanderweg Österreichs ist?

d der Bayerische Wald mit einer Größe von 240.000 km2 der .... Nationalpark Deutschlands ist?

e der Deutsche Michael Schumacher mit sieben Weltmeistertiteln und den meisten Grand-Prix-Siegen als der .... Formel-1-Pilot aller Zeiten gilt?

5 **Schlagzeilen. Ergänzen Sie in der richtigen Form.**

a **Die Post steht vor der** *größten* .... (groß) **Investition in ihrer Geschichte.**

b **Oktoberfest. Wie Sie sich auf die** .... (schön) **Jahreszeit vorbereiten.**

c **Klinikärzte verlangen 30 %** .... (viel) **Gehalt.**

d **Mode. Die** .... (neu) **Trends für Herbst und Winter sind da.**

e **Mitsubishi erwartet** .... (hoch) **Verkaufszahlen in Europa als bisher.**

f **Beunruhigend! Deutschland hat neben Spanien, Griechenland und Italien die** .... (niedrig) **Geburtenrate in Europa.**

g **Dieses Jahr auf der Internationalen Automobilausstellung:** .... (groß) **Autos mit** .... (niedrig) **Benzinverbrauch.**

6 **Meinungen zum Thema Ganztagsschule. Was ist richtig? Kreuzen Sie an.**

Immer mehr Politiker fordern Ganztagsschulen. Was meinen Sie?

a Ganztagsschulen? Super. In Frankreich ist das doch auch ☒ das Normalste ☐ nichts Normaleres der Welt.

b Also, meiner Meinung nach gibt es ☐ die vernünftigste ☐ keine vernünftigere Überlegung als die, Ganztagsschulen einzuführen.

c Die ☐ bessere ☐ beste Idee seit Langem von unseren Politikern.

d Das finde ich gar nicht gut. Dann verbringen die Eltern ja noch ☐ weniger ☐ am wenigsten Zeit mit ihren Kindern.

7 **Was ist oder war für Sie in Ihrem Leben besonders schön, schlimm oder interessant? Schreiben Sie Sätze. Folgende Wörter helfen Ihnen.**

mit dem Rauchen aufhören ● Reise ● Hochzeit/Heiraten ● Begegnung ● arbeiten ● am Wochenende ausschlafen ● joggen / Sport machen ● im Wald spazieren gehen ● ...
schön ● traurig ● interessant ● schlimm ● glücklich ● lang ● groß ● gut ● langweilig ● lustig ● ...
Tag ● Stunden ● Erfolg ● Zeit ● Erlebnis ● Entscheidung ● Fehler ● Hobby ● Freund ● ...

Es war mein größter Erfolg, mit dem Rauchen aufzuhören. Ich habe 15 Jahre geraucht.
Es gibt kein schöneres Hobby als ...

Wiederholung *Schritte int. 3 Lektion 1*

8 **Fast alles erledigt! Ergänzen Sie in der richtigen Form.**

Getränke kalt stellen
Tische und Stühle putzen
Raum dekorieren
Blumen bestellen
Kuchen aufschneiden

a Ich habe die Getränke schon *kalt gestellt* .
b Die Tische und Stühle haben Birte und ich schon ....
c Den Raum haben Sabine und ich gestern ....
d Die Blumen habe ich schon letzte Woche ....
e Den Kuchen haben wir gerade eben frisch ....

B1 **9** **Letzte Vorbereitungen. Ergänzen Sie die Verben aus Übung 8.**

a Tina, kannst du bitte, kurz bevor die Gäste kommen, die *kalt gestellten* Getränke aufs Buffet stellen?
b Birte und Tina, könnt ihr darauf achten, dass ihr nur die .... Tische und Stühle aufstellt?
c Passt bitte auf, dass noch keiner den .... Raum betritt.
d Kannst du bitte noch mal im Blumenladen anrufen und fragen, wo die .... Blumen bleiben?
e Den .... Kuchen stelle ich erst einmal in den Kühlschrank.

B1 **10** **Schwarzes Brett: Ergänzen Sie die Endungen.**

a *Hey Leute, endlich sind die nachbestellt*en *Fotos von unserem gemeinsamen Ausflug da. Bitte vormittags zwischen 12 und 13 Uhr in der Cafeteria abholen. Heike*

b **Sommerfest am 22. Juli um 15 Uhr**
Bitte tragt Euch in die Listen ein, wenn Ihr zu unserem Fest einen selbst gemacht.......... Kuchen, Salat oder etwas anderes mitbringen könnt. Danke.

c *Wer möchte in unserem Studenten-Chor mitsingen?*
Unser Chor „Vokal Total" braucht dringend neue Leute. Interessiert.......... Studentinnen und Studenten können immer mittwochs von 19-20:30 bei der Chorprobe mitmachen.

d Verkaufe gebraucht.......... Herrenfahrrad. Bei Interesse bitte E-Mail an JS1202@yahoo.de.

e **Achtung Tierfreunde!**
Ich habe drei supersüße, neugeboren.......... Kätzchen zu verschenken. Wer ist tierlieb und möchte eins haben? Ruft mich an unter: 0151/655 322 61.

f **Neue Öffnungszeiten der Bücherei**
Sie können ab sofort täglich (außer Sonntag) zwischen 9 Uhr und 17 Uhr und samstags von 9 Uhr bis 13 Uhr Bücher ausleihen und Ihre ausgeliehen.......... Bücher zurückgeben.

11 Schlagzeilen. Was ist richtig? Kreuzen Sie an.

a Unglaublich, aber wahr: ☐ Vermisst ☒ Vermisster ☐ Vermisste Hund nach drei Jahren wieder aufgetaucht.

b Große Aufregung im Berliner Zoo: Schwer ☐ verletzt ☐ verletzte ☐ verletzter Löwe von Ärzteteam gerettet.

c Toll: ☐ Neu eröffnetes ☐ Neu eröffnet ☐ Neu eröffnete Fußball-Stadion bricht alle Besucherrekorde.

d Polizeikontrolle: 12-jähriger Fahrer versucht, mit ☐ gestohlen ☐ gestohlenem ☐ gestohlenes Auto Polizeisperre zu durchbrechen.

12 Schreiben Sie Schlagzeilen.

verzweifeln ● verlieben ● betrinken ● suchen ● vermissen ● finden ● langweilen ● …

Hausfrau ● Rentnerin ● Weihnachtsmann ● Postbote ● Polizist ● Kinder ● Ehemann ● Hund ● Katze ● Lehrer ● Ärztin ● Nachbar ● …

Verzweifelter Postbote wirft 1000 Briefe weg.
Verliebte Rentnerin heiratet 100-Jährigen.

Phonetik

13 Öffentlich sprechen

25-27

a Hören Sie drei Redner.
Was fällt Ihnen an den Rednern auf? Was ist besonders gut oder schlecht? Welcher würde Sie am meisten überzeugen?

b Üben Sie mit Ihrer Partnerin / Ihrem Partner die Rede ein: ein Partner die ersten beiden Absätze, der andere die letzten beiden Absätze.
Erinnern Sie sich daran, was Sie an den Rednern gestört hat. Versuchen Sie, es besser zu machen, und geben Sie sich beim Üben gegenseitig Tipps.

Meine Damen und Herren,

wie Sie wissen, gibt es in unserer Stadt immer weniger Arbeitsplätze. Deshalb zahlen immer weniger Einwohner Steuern und deshalb ist immer weniger Geld in der Stadtkasse. Das ist nicht schwer zu verstehen.

Die Stadt muss also sparen. Und wie will sie das machen? Sie will im nächsten Herbst unsere Tobelbach-Grundschule schließen! Und das ist schwer zu verstehen! Nein, meine sehr geehrten Damen und Herren: Das ist überhaupt nicht zu verstehen!

Die Grundschule ist unsere wichtigste Investition in die Zukunft. Die Zukunft dieser Stadt hängt davon ab, dass die Kinder eine Schule haben, in der sie sich wohlfühlen, mit der sie sich identifizieren können. Eine Schule, die zur Nachbarschaft gehört, von der man zu Fuß wieder nach Hause gehen kann, bei der man sich auch am Nachmittag zum Spielen treffen kann.

Um das unseren Stadtvätern klarzumachen, schlage ich vor, dass wir gegen diese geplante Schließung der Tobelbach-Schule protestieren. Und zwar laut und deutlich sichtbar! Ich mache den folgenden Vorschlag: …

Wiederholung *Schritte int. 5 Lektion 3*

14 **Ergänzen Sie.**

Auf einer Stadtrundfahrt …

a *wird*.................. den Touristen die Stadt *gezeigt*............... .
b .... viele Fragen ....
c .... von historischen Ereignissen in der Stadt ....
d .... Sehenswürdigkeiten ....
e .... Fotos ....
f .... Souvenirs ....

C2 **15** **Was ist richtig? Kreuzen Sie an.**

a Am 8. Mai 1945 wurde der Zweite Weltkrieg ☐ begonnen ☒ beendet.
b 1949 wurden zwei deutsche Staaten ☐ gegründet ☐ gewählt.
c Berlin wurde im Zweiten Weltkrieg durch Bomben ☐ geteilt ☐ zerstört.
d 1961 wurde die Mauer ☐ zerstört ☐ errichtet.
e Die Mauer wurde quer durch Berlin ☐ gebaut ☐ gestellt.
f Deutschland wurde von den Alliierten in vier Besatzungszonen ☐ geschnitten ☐ aufgeteilt.
g Am 9. November 1989 wurde von der Regierung der DDR die Mauer ☐ geschlossen ☐ geöffnet.
h Am 3. Oktober 1990 wurde zum ersten Mal der Tag der deutschen Einheit ☐ gefeiert ☐ unterschrieben.

C2 Prüfung CD 28 **16** **Führung durch den Berliner Reichstag**
Welche Informationen gibt der Reiseführer? Kreuzen Sie an.

1 Was soll die Gruppe im Reichstag machen?
a mit Politikern diskutieren
b einen Vortrag hören
c im Restaurant etwas essen

2 Wann ist die Führung zu Ende?
a um 10.00 Uhr
b um 11.30 Uhr
c am Mittag

3 Was sollen die Touristen am Alexanderplatz machen?
a eine Ausstellung ansehen
b in die Universität gehen
c sich ausruhen

4 Warum empfiehlt der Stadtführer die 3-Stunden-Schifffahrt?
a weil man sich dabei ausruhen kann
b weil man dabei historische Informationen bekommt
c weil man dabei mehr sieht als nur das Stadtzentrum

5 Was können die Touristen im Büro des Stadtführers bekommen?
a Eintrittskarten für die Schifffahrt
b Fahrkarten für die Busse und Bahnen
c Fahrräder zur Miete

17 Bekannte deutsche Persönlichkeiten: Ergänzen Sie in der richtigen Form und ordnen Sie die Texte den Fotos zu.

A Konrad Adenauer

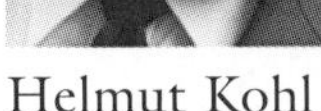
B Helmut Kohl

C Angela Merkel

D Willy Brandt

1 A Wer *ist* .... zum ersten Bundeskanzler der Bundesrepublik *gewählt* .... *worden* .... (wählen) und regierte diese 14 Jahre?

2 ☐ Welchem bedeutenden deutschen Politiker .... 1971 der Friedensnobelpreis .... (verleihen)?

3 ☐ Wer .... in Deutschland viermal zum Bundeskanzler .... (wählen) und wird heute auch der „Einheitskanzler" genannt?

4 ☐ Wer .... im Jahr 2005 zur ersten Bundeskanzlerin in der Geschichte Deutschlands .... (ernennen)?

18 Hätten Sie's gewusst?
Lesen Sie die Sätze und schreiben Sie jeweils zwei Fragen wie im Beispiel.

a *In welchem Land Europas ist das erste Rauchverbot eingeführt worden?*
In welchem Land wurde ....
....

> Irland war das erste Land Europas, das das Rauchverbot eingeführt hat.

b ....
....
....

> Gustave Eiffel hat 1889 den Eiffelturm gebaut.

c *Wo* ....
....
....

> Den Film „7 Jahre in Tibet" mit Brad Pitt hat man in Österreich gedreht.

d *Wann* ....
....
....

> 1894 hat man die Tower Bridge für den Verkehr geöffnet.

D3 **19** **Wenn ich entscheiden könnte ... Lesen Sie die Postkarten, die an Politiker geschrieben wurden. Über welche Themen schreiben die Leute? Ordnen Sie zu.**

a Ich wünsche mir von Ihnen, dass es keine Kriege gibt und dass keine Bomben explodieren. Bitte sorgen Sie dafür, dass die Menschen in den armen Ländern genug Geld haben.
Flavio, 5 Jahre, Berlin

b Können Sie nicht einen autofreien Sonntag im Jahr einführen und die Innenstädte frei halten von Autos? Kann man die Rechte von Radfahrern und Fußgängern nicht stärken?
Karl-Heinz Beier, Lübeck

c Wir bitten Sie für unsere Kinder und Enkelkinder: Sorgen Sie dafür, dass unsere Luft sauber bleibt und dass mehr Rücksicht auf die Natur genommen wird!
Anna Heinzeler, Berlin

d Ich erwarte von Ihnen, dass die Bildung wieder im Mittelpunkt der Politik steht. Bildung ist das Wichtigste, um im Leben Erfolg zu haben, und auch, um Deutschland voranzubringen.
Ich bitte Sie: Tun Sie etwas dafür!
Jens Harter, Köln

e Bitte sorgen Sie dafür, dass alle Bürger nach Einkommenshöhe Steuern bezahlen. Außerdem fordere ich von Ihnen, dass die Rente der Bürger nicht angetastet wird. Wenn weiterhin Betriebe ins Ausland verlagert werden, dann kann es mit unserer Wirtschaft ja nur abwärtsgehen.
Rita Schöller, Vechta

f Warum schaffen Sie es nicht, dass jeder, der eine Ausbildung macht, auch einen Job bekommt??? Die Arbeitslosigkeit in unserem Land ist ein Skandal!
Markus Groll, Berlin

g Vielen Dank, dass Sie es Ausländern ermöglichen, in Deutschland ein neues Leben zu beginnen. Manchmal würde ich mir aber noch mehr Toleranz und Akzeptanz von den Deutschen wünschen.
Aynur Derin, Berlin

		Text
1	Finanzen und Steuern	e
2	Arbeit und Arbeitslosigkeit	☐
3	Bildung	☐
4	Integration	☐
5	Frieden	☐
6	Umwelt	☐
7	Verkehr	☐

D3 Prüfung **20** **Lesen Sie Mikes Blog und kreuzen Sie an, ob die Aussagen richtig oder falsch sind.**

Mikes Alltagsblog Mittwoch, 16. Mai

Heute habe ich etwas sehr Interessantes erlebt. Also, ich gehe ganz gemütlich durch die Kölner Fußgängerzone. Da komme ich plötzlich zu einer Gruppe von Leuten, die um eine Frau mit einer altmodischen Schreibmaschine herumstehen. Die steht vor ihr auf einem kleinen Tisch. Neben dem Tisch sitzt ein Mädchen und sagt ihr, was sie schreiben soll. Sie schreibt den Text auf eine Postkarte. Die anderen Leute hören zu und warten, bis sie an der Reihe sind. Ein junger Mann erklärt mir, was hier passiert: Die Frau mit der Schreibmaschine heißt Sheryl Oring und die Postkarten werden direkt an das Bundeskanzleramt in Berlin geschickt. Frau Oring will den Menschen auf der Straße eine Stimme geben.
Die Themen sind übrigens ganz verschieden: Die Wirtschaftskrise, die Umweltverschmutzung, die Arbeitslosigkeit. Jeder möchte seine Sorgen und Wünsche an die Regierung weitergeben.
Ich finde die Idee toll. Was denkt ihr darüber?

		richtig	falsch
1	Die Leute wollen Frau Oring treffen.	☐	☐
2	Frau Oring schreibt Texte für andere Menschen.	☐	☐
3	Die Postkarten werden an den Bundespräsidenten geschickt.	☐	☐
4	Die meisten Postkarten sprechen von Arbeitslosigkeit.	☐	☐
5	Mike ist von der Aktion begeistert.	☐	☐

otraining

b **Welche Fragen, Wünsche oder Forderungen würden Sie Frau Oring diktieren? Schreiben Sie an einen Politiker Ihrer Wahl. Sie können diese Redemittel benutzen.**

Wünsche	Forderungen	Fragen	Allgemeines
Ich wünsche mir, dass ... Bitte sorgen Sie dafür, dass ... Wir bitten Sie, ...	Ich fordere von Ihnen, ... Wenn Sie nicht ..., dann ... Ich erwarte von Ihnen, dass ...	Warum gibt es ...? Wir verstehen nicht, warum ... Können Sie nicht ...?	Wir sind sehr enttäuscht von ... Vielen Dank, dass Sie ...

Sehr geehrte/r Frau/Herr ...

Prüfung
29-33

21 Hören Sie die Interviews und kreuzen Sie an: richtig oder falsch?

Sie hören fünf kurze Texte. Zu jedem Text gibt es eine Aufgabe. Sie hören jeden Text einmal.

		richtig	falsch
a	Die Sprecherin wählt die Grünen, weil es ihrer Meinung nach keine andere Partei gibt, die sich so für den Frieden und die Ökologie einsetzt wie sie.	☐	☐
b	Die Sprecherin wird wahrscheinlich die SPD wählen, weil sie nicht dieselbe Partei wie ihr Vater wählen will.	☐	☐
c	Der Sprecher will dieses Jahr wählen, weiß aber noch nicht welche Partei.	☐	☐
d	Die Sprecherin wählt dieses Jahr die CDU und vielleicht das nächste Mal die SPD.	☐	☐
e	Der Sprecher wählt die FDP, weil seiner Meinung nach keine andere Partei in wirtschaftlichen Fragen ein so gutes Programm hat wie sie.	☐	☐

22 Mit *Schritte international* selbstständig weiterarbeiten

Sie sind jetzt bald am Ende des letzten *Schritte international*-Bandes angekommen. Legen Sie das Buch dann nicht einfach weg. Es gibt noch viele Möglichkeiten, wie Sie es weiterhin nutzen können:

a **Sehen Sie sich die Grammatik-Seiten an. Welche Grammatik haben Sie gelernt?**
Was haben Sie noch nicht so gut verstanden? Was würden Sie gerne noch einmal wiederholen? Notieren Sie sich die Themen in Ihrem Lerntagebuch und wiederholen Sie dann die Übungen dazu im Kurs- und im Arbeitsbuch.

LERNTAGEBUCH

Passiv

Präsens	*Die Mauer*	*wird*	*gebaut.*
Präteritum	*Die Mauer*	*wurde*	*gebaut.*
Perfekt	*Die Mauer*	*ist*	*gebaut worden.*

b **Lesen Sie noch einmal die Texte.**
Vielleicht fallen Ihnen jetzt Wendungen auf, die Sie vorher nicht bemerkt haben und die Sie wichtig finden. Schreiben Sie sie in Ihr Lerntagebuch.

Die Hinweise dienen als ...
auf Zustimmung stoßen ...

c **Lesen und lernen Sie noch einmal den Lernwortschatz und arbeiten Sie auch mit den Wiederholungswörtern. Notieren Sie sich besonders wichtige oder schwierige Wörter in Ihrem Lerntagebuch.**

der Ausweis – Ich habe meinen Ausweis vergessen.
die Papiere – Kann ich mal Ihre Papiere sehen?
das Visum – Ich habe kein Visum für die USA.

Politik und Gesellschaft

Bevölkerung die ....
Bürgerinitiative die, -n ....
Geschwindigkeitsbeschränkung die, -en ....
Mehrheit die, -en ....
Minister der, – ....
Ministerin die, -nen ....
Mitbestimmung die ....
Opposition die, -en ....
Parlament das, -e ....
Präsident der, -en ....
Protest der, -e ....
Regierung die, -en ....
Sitz der, -e ....

Skandal der, -e ....
Umwelt die ....
Verwaltung die, -en ....
Volk das, ¨-er ....
Wahl die, -en ....

ab·stimmen ....
auf·klären ....
protestieren ....
veröffentlichen ....

demokratisch ....
konservativ ....
liberal ....
öffentlich ....
politisch ....

Weitere wichtige Wörter

Ansicht die, -en ....
meiner Ansicht nach ....
Bericht der, -e ....
Bombe die, -n ....
Broschüre die, -n ....
Einkommen das, – ....
Hinweis der, -e ....
Kritik die, -en ....
Künstler der, – ....
Künstlerin die, -nen ....
Landwirtschaft die ....
Mauer die, -n ....
Reihenfolge die, -n ....
Rettung die ....

Streit die, -e ....
System das, -e ....
Trend der, -s ....
Versuch der, -e ....
Verbesserung die, -en ....
Vortrag der, ¨-e ....
Zone die, -n ....
Zusammenhang der, ¨-e ....

bauen ....
blühen ....
schaffen ....
springen, sprang, ist gesprungen ....
teilen ....

töten	....
widersprechen, widerspricht, widersprach, hat widersprochen	....
zerstören	....
(un)abhängig	....
gleichzeitig	....
städtisch	....
vernünftig	....
abwärts	....
hin und her	....

Wiederholung

Gesellschaft

das Ausland
die Heimat
die Kultur
die Öffentlichkeit
die Organisation
die Politik
die Technik

der/die Bürger-meister/in
der/die Beamte
der/die Einwohner/in

die Feuerwehr
die Grenze
die Polizei
der Staat
der Verein
das Mitglied
das Vorurteil

der/die Deutsche

der Ausweis
die Papiere
der Pass
das Visum

international

Wirtschaft
Handel
Dienstleistung

der Export
der Import
die Industrie
die Wirtschaft

die Gebrauchsanweisung
die Rechnung
die Reparatur

herstellen
funktionieren
reparieren

kaputt

... leben in Deutschland.

A3

1 Interessante Museen. Überfliegen Sie die Museumsempfehlungen aus drei Reiseführern.

a Wo liegen die Museen? 1 .... 2 .... 3 ....

1 LIPIZZANER-MUSEUM

Für die Pferdeliebhaber unter den Wienbesuchern ist das *Lipizzaner-Museum* ein absolutes ‚Muss'. Hier erfahren Sie alles über die edlen Rösser aus Lipizza. Gemälde, Zeichnungen, Fotografien, Uniformen, Pferdegeschirre und viele andere Ausstellungsstücke ermöglichen einen Einblick in die klassische Reitkunst, wie sie nur hier im Zentrum von Wien, in der weltberühmten ‚Spanischen Hofreitschule' gepflegt wird. Schon seit dem 16. Jahrhundert reitet man hier in der Tradition der ‚Hohen Schule'. Was dies in der Praxis bedeutet, wird mit Videos und Filmen gezeigt, und wer mehr sehen will, kann über große Monitore einen Blick in die Stallungen der Hofreitschule werfen und die kostbaren weißen Pferde live beobachten!

Öffnungszeiten
täglich von 9 bis 18 Uhr

Eintrittspreise
Erwachsene 5,– Euro
Ermäßigt 3,60 Euro

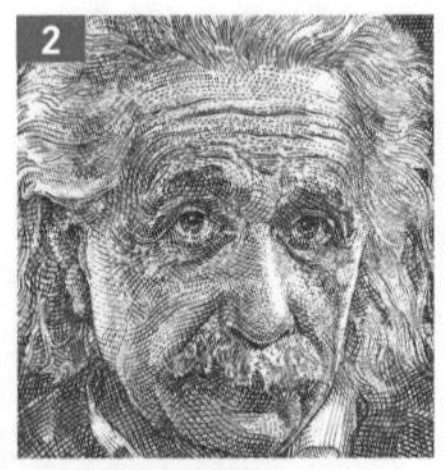

2 EINSTEIN MUSEUM

Albert Einstein hat mit der Relativitätstheorie unsere Vorstellung von Raum und Zeit völlig verändert. Seine berühmte Formel $E=mc^2$ kennt heute so gut wie jeder. Als Einstein sie im Jahr 1905 schuf, lebte und arbeitete er in Bern. Für das Berner ‚Historische Museum' war dies Grund genug, Leben und Werk des genialen Physikers 2005 mit einer großen Jubiläumsschau zu würdigen. Auf 1.200 Quadratmetern zeigten aufwendig inszenierte Schrift- und Filmdokumente seinen Lebensweg und illustrierten damit zugleich auch wichtige Teile der Geschichte des 20. Jahrhunderts. Animationsfilme, Experimente und eine virtuelle Reise in den Kosmos veranschaulichten Einsteins bahnbrechende Theorien auch für den Laien. Mit 350.000 Besuchern aus aller Welt war die Schau so außerordentlich erfolgreich, dass man sich entschloss, sie nicht zu beenden, sondern unter dem Namen ‚Einstein Museum' zu einer bleibenden Ausstellung zu machen.

Öffnungszeiten und Preise
Di–So 10–17 Uhr,
Mo geschlossen
Erwachsene
CHF 18,–

EINSTEIN-HAUS BERN
Besuchen Sie auch das Haus in der Kramergasse 49, wo die Familie Einstein während ihres Aufenthalts in Bern lebte.

NEANDERTHAL MUSEUM
Zurück in die Steinzeit!

Im Sommer 1856 fanden Arbeiter in einer Höhle zwischen Wuppertal und Düsseldorf die Knochenreste eines Menschen aus vorgeschichtlicher Zeit. Nach dem Fundort im Neandertal gab man dem Urmenschen den Namen Homo neandertalensis. Heute wissen wir, dass die ‚Neanderthaler' vor etwa 40.000 bis 200.000 Jahren in Europa gelebt haben. Seit 1996 kann man ihre Geschichte und die gesamte Entwicklungsgeschichte der Menschheit im ‚Neanderthal Museum' in Mettmann nacherleben. Über 170.000 Besucher besichtigen dort jedes Jahr den Original-Fundort des Skeletts, erleben ‚Urgeschichte live' in einer ‚Steinzeitwerkstatt' und bestaunen im Wildgehege Rückzüchtungen von Tieren, die eigentlich schon ausgestorben waren: Auerochsen, Wisente und Wildpferde.

Öffnungszeiten und Preise: Dienstag–Sonntag 10.00–18.00 Uhr | Erwachsene 7,– Euro

b Lesen Sie die Texte noch einmal und kreuzen Sie an: richtig oder falsch?

		richtig	falsch
1	Im Lipizzaner-Museum erfährt man viel über spanische Traditionen.	☐	☐
2	Man kann auch in die Stallungen der weißen Pferde gehen.	☐	☐
3	Einstein wohnte in Bern, als er seine berühmte Formel entwickelte.	☐	☐
4	Das Einstein-Museum hatte schon 350.000 Besucher.	☐	☐
5	Die „Neanderthaler" lebten 200.000 Jahre lang im Neandertal.	☐	☐
6	Im Neanderthal-Museum kann man echte Tiere sehen.	☐	☐

2 Europa-Quiz

a Raten Sie. Was könnte richtig sein? Kreuzen Sie an.

1 Wie viele Länder gehören zum europäischen Kontinent?
- ○ 25
- ○ 45
- ○ 65

2 Vergleichen Sie die geografische Größe der Kontinente.
An wie vielter Stelle steht Europa?
- ○ an dritter
- ○ an vierter
- ○ an fünfter

3 Vergleichen Sie die Einwohnerzahlen der Kontinente.
An wie vielter Stelle steht Europa?
- ○ an erster
- ○ an zweiter
- ○ an dritter

4 Mit welchem anderen Kontinent ist Europa verbunden?
- ○ mit Asien
- ○ mit Afrika
- ○ mit Amerika

4

b Hören Sie das Radioquiz und vergleichen Sie mit Ihren Antworten.

training

3 Einen Brief schreiben

Welchen Bericht im Kurs (über ein Fest oder einen Brauch, vgl. C3, Seite 72) fanden Sie besonders interessant? Wählen Sie ein Fest / einen Brauch aus und erzählen Sie einer Freundin / einem Freund in einem Brief davon.

Beachten Sie vor dem Schreiben die folgenden Punkte:

1 An wen schreiben Sie? Überlegen Sie sich, was die Adressatin / den Adressaten besonders interessieren könnte.

2 Machen Sie vor dem Schreiben Stichpunkte:
- ■ Wann und wo wird gefeiert?
- ■ Wie wird gefeiert?

3 Überlegen Sie sich einen passenden Einleitungs- und Schlusssatz.
Und: Denken Sie auch an Anrede, Datum und Unterschrift.

D2

4 Mein Dorf – meine Stadt – meine Heimat
Ergänzen Sie das Kreuzworträtsel.

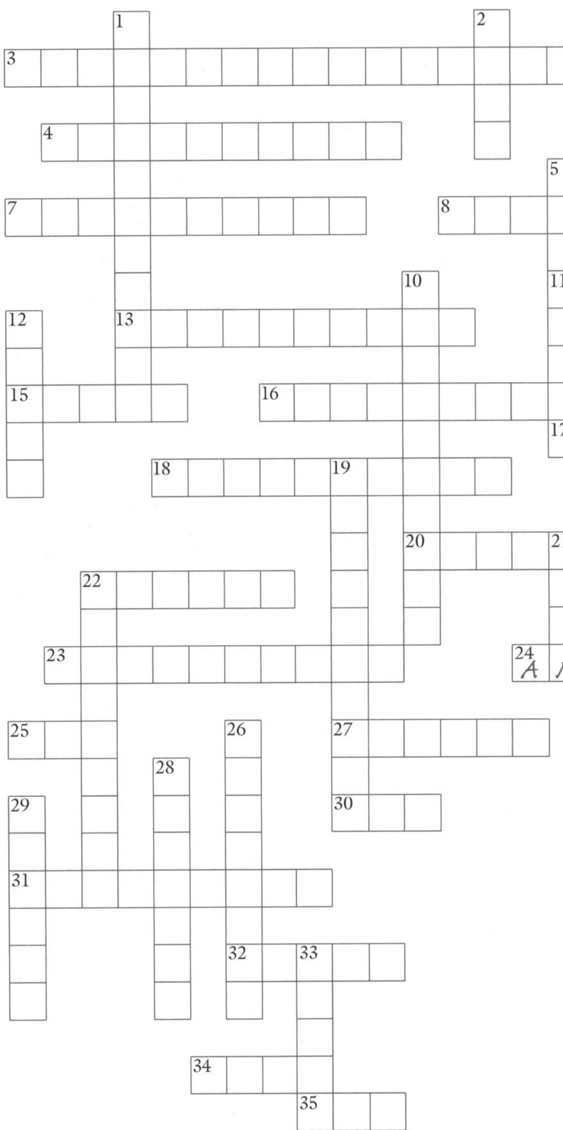

senkrecht:

1 Hier wird man operiert oder besucht man einen Freund, der krank ist.
2 Hier sind Bäume, Wiesen, Blumen und Wege.
5 Wenn man etwas verloren hat, geht man zum ...
6 Es steht oft an Straßen, hängt an Geschäften.
10 Hier trifft man sich abends, wenn es schön warm ist, und trinkt etwas.
12 Ein Quadrat hat davon vier.
19 Hier kann man schwimmen.
21 Wenn man oben ist, sieht man über die ganze Stadt.
22 Hier gibt es Fleisch und Wurst.
26 Hier verlängern zum Beispiel Ausländer, die in Deutschland sind, ihren Pass.
28 Sie sorgt für Recht und Ordnung.
29 das Haus Gottes
33 ein anderes Wort für Ort

waagrecht:

3 Hier gibt es alles, was man zum Schreiben braucht.
4 ein anderes Wort für Zentrum
7 ein Haus für Senioren
8 Hier treffen sich zwei Straßen.
9 Hier trifft man sich auf einen Kaffee oder einen Tee.
11 Hier kauft man Deo, Seife, Zahncreme.
13 Hier arbeitet der Arzt.
14 Österreich ist ein ..., Deutschland ist ein anderes ...
15 Hier bekommt man Eis, Bonbons, Cola, Bier, Zigaretten und Zeitungen.
16 Wenn es brennt, ruft man schnell die ...
17 Wenn man eine Brille braucht, geht man zum ...
18 Berlin ist die ... von Deutschland.
20 Hier sieht man Stücke von Shakespeare, Schiller, Molière, ...
22 Hier hängen alte Bilder.
23 Hier kann man offiziell heiraten.
24 offizielle, öffentliche Institution
25 kleine Straße
27 Sie geht über den Fluss und kann doch nicht laufen.
30 eine sehr große Kirche, zum Beispiel in Köln
31 Wenn man ein Jackett nicht selbst waschen möchte, bringt man es in die ...
32 Sie zeigt mal rot, mal gelb, mal grün.
34 Wenn man Briefmarken kaufen oder Pakete verschicken will, muss man dort hin.
35 Man bezahlt Eintritt und kann Tiere sehen.

5 **Die Welt von morgen ...**
Sehen Sie die Zeichnung an und notieren Sie so viele Wörter wie möglich.

Gesellschaft (2)

Demokratie die, -n ....
Handel der ....
Reform die, -en ....

Staatsangehörigkeit die, -en ....
Tradition die, -en ....

Land und Landschaft

Bundes-(land) das, ¨-er ....
Ernte die, -n ....
Europa das ....
Feld das, -er ....
Gegend die, -en ....

Gras das ....
Hafen der, ¨ ....
Korn das ....

fließen, floss, ist geflossen ....

Lebensmittel

Aprikose die, -n ....
Limonade die, -n ....
Pfannkuchen der, – ....

Pflaume die, -n ....
Pilz der, -e ....

Weitere wichtige Wörter

Gastfreundschaft die ....
Grundlage die, -n ....
Heimweh das ....
Leder das, – ....

berichten ....
existieren ....

einzeln ....
evangelisch ....
katholisch ....
heutig ....

angeblich ....
nebenbei ....

Wiederholung

Feste und Feiertage

Feste
das Fest
die Feier
die Party
die Einladung
das Geschenk
der Geburtstag
die Atmosphäre
die Stimmung

einladen
feiern
gratulieren
schenken
einpacken

Feiertage

Ostern
Weihnachten
Silvester – Neujahr

Glückwünsche

Alles Gute!
Viel Glück!
Herzlichen Glückwunsch!

Frohe/Schöne Ostern!
Frohe Weihnachten!
Ein gutes neues Jahr!

Gute Besserung!
Viel Erfolg!
Prost!

Entschuldigung!
Verzeihung!

Hochzeit

die Braut
der Bräutigam
das Brautpaar
die Trauung

heiraten

Orte

die Welt
das Land
die Stadt
die Hauptstadt
das Dorf

In der Stadt

die Ampel
die Brücke
die Ecke
die Innenstadt
die Kreuzung
die Mauer
das Parkhaus
der Parkplatz
der Platz
das Schild

die Straße
der Bürgersteig
der Weg
der Wohnblock
das Zentrum

das Altersheim
der Bahnhof
der Dom
das Krankenhaus
die Kirche
der Markt
das Museum
der Park
das Schloss
das Schwimmbad
der Spielplatz
der Turm
das Theater
der Zoo

das Amt
die Feuerwehr
das Fundbüro
das Konsulat
die Polizei
die Post
das Rathaus
das Standesamt

die Krippe
der Kindergarten
die Schule
die Universität

das Café
der Biergarten
das Restaurant

die Apotheke
die Bank
die Bäckerei
die Drogerie
der Kiosk
die Metzgerei
der Optiker
die Reinigung
der Schreibwarenladen

liegen in ...
parken

zentral

In der Stadt unterwegs / Stadtführung

der Eintritt
die Ermäßigung
die Eintrittskarte
der Fotoapparat
die Kamera
die Karte
der Koffer

W Wiederholungsstationen

Was möchten Sie noch üben? Wählen Sie aus.

1 Tratsch am Nachmittag! Ergänzen Sie die Adjektivendungen im Komparativ und Superlativ.

teuer ● jung ● ~~klein~~ ● langweilig ● gut ● neu ● viel ● ~~billig~~ ● langweilig

● Weißt du schon, dass Carla umgezogen ist? Sie hat sich nach der Trennung von ihrem Mann eine *kleinere* (a) und *billigere* (b) Wohnung gesucht. …

▲ Und hast du das gehört? Sie ist jetzt mit einem 20 Jahre .... (c) Mann zusammen. Unglaublich – oder? Und das in ihrem Alter!

● Aber der ist vielleicht interessanter als ihr Ex-Mann. Dieser Ralf! Mit dem kann man nur die .... (d) Gespräche führen. Ich kenne echt keinen .... (e) Mann als ihn!

▲ Und stell dir vor, sie kauft sich jetzt ständig etwas Neues zum Anziehen! Immer nur die .... (f) Klamotten! Dass die so viel Geld hat! …

● Neulich hat Kathrin mir erzählt, dass Carla jetzt einen viel .... (g) Job hat als vorher und noch dazu .... (h) Geld verdient als in ihrer letzten Stelle. Na ja, ob das wohl stimmt?

▲ Ach, hör nicht auf Kathrin! Sie weiß immer den .... (i) Tratsch! Unglaublich. Hat sie nichts Besseres zu tun, als nur über andere Leute zu reden?

2 Ein gelungener Tag!? Ergänzen Sie in der richtigen Form.

a Partizip II als Adjektiv

Gestern habe ich mich geärgert über …

1 den verspätet*en* Bus.
2 mein nicht geheizt........ Büro.
3 zu spät geliefert........ Bücher.
4 meine ungeputzt........ Wohnung.
5 eine nicht bezahlt........ Rechnung.
6 die schon wieder gestiegen........ Benzinpreise.

b Partizip I als Adjektiv

blühen ● singen ● beruhigen ● ~~lachen~~ ● strahlen ● spielen

Heute freue ich mich über …

7 *lachende* Kinder.
8 den .... Sonnenschein.
9 den .... Rosenstrauch in meinem Garten.
10 die fröhlich .... Hunde.
11 den .... Vogel an meinem Fenster.
12 den .... Klang deiner Stimme.

3 n-Deklination: Ergänzen Sie die Endungen wo nötig.

a ● Guten Tag, hier Rotraud Krautloher.
▲ Wie bitte, Ihren Nachname*n*... habe ich leider nicht verstanden.

b ● Hast du schon unseren neuen Kollege...... gesehen? Sieht der nicht unsympathisch aus?
▲ Na ja, jetzt warte doch mal ab! Du kennst ihn doch noch gar nicht.

c ● Ich war gestern bei meinem Nachbar...... Paul zum Essen eingeladen. Ist das nicht nett?
▲ Du Glückliche. Ich habe ständig Streit mit meinen Nachbar...... .

d ● Meine Dame...... und Herr...... . Ich begrüße Sie zu unserem jährlichen Silvestertreffen und möchte wie immer Frau...... Dr. Peterson und Herr...... Weller als unsere Vorsitzenden besonders herzlich begrüßen.

e ▲ Selbstverständlich versuchen wir immer, unseren Kunde...... so schnell wie möglich zu helfen.

f ● Wie geht's denn deinem Bekannt......? Wie heißt er noch mal? Der, mit dem du letzte Woche im Kino warst?
▲ Du meinst Leon? Ja, das ist ein guter Freund...... von mir. Dem geht's wieder so richtig gut.

4 Einige berühmte Filme. Ergänzen Sie die Endungen im Genitiv wo nötig.

a Der Name d*er*.. Rose.*–*.
b Die Asche mein..... Mutter.....
c Das Zimmer mein..... Sohn.....
d Herr d..... Ringe: Die Rückkehr d..... König.....
e Die Entdeckung d..... Himmel.....
f Kinder d..... Liebe.....
g Für das Leben ein..... Freund.....

5 Ein Hund, der ... . Was ist was? Ergänzen Sie das Relativpronomen und – wo nötig – die Präposition.

a Ein Blindenhund	ist ein Hund, *der*........................	blinden Menschen hilft.
b Eine Schatzkiste	ist eine Kiste, ...	ein Schatz liegt.
c Ein Konferenzzimmer	ist ein Raum, ...	viel diskutiert wird.
d Ein Liebesbrief	ist ein Brief, ...	steht, wie sehr man jemanden mag.
e Ein Glückstag	ist ein Tag, ...	mir alles gelingt.
f Ein Glücksbringer	ist ein Gegenstand, ...	mir Glück bringt.
g Ein Pechvogel	ist jemand, ...	alles schiefgeht.

6 Der perfekte Arbeitsplatz, *an dem ...* ! Ergänzen Sie das Relativpronomen und – wo nötig – die Präposition.

Ich wünsche mir

a ... eine Stelle, *die*.................... mir Spaß macht.
b ... eine Arbeit, ... ich mich selten langweile.
c ... einen Chef, ... ich mich nur manchmal ärgere.
d ... einen Kollegen, ... ich abends auch mal ausgehen kann.
e ... Kollegen, ... immer hilfsbereit sind und .... ich auch mal über die Arbeit lachen kann.
f ... eine Kollegin, ... ich vertrauen kann.
g ... ein Büro, ... gemütlich ist.
h ... eine Couch, ... ich manchmal schlafen kann.
i ... einen Schreibtisch, ... immer aufgeräumt ist.
j ... einen Computer, ... meine Fehler korrigiert.
k ... eine Kantine, ... es leckeres Essen gibt.
l Das ist alles, ... ich brauche!
m Dann gibt es nichts, ... ich vermisse.

7 Eine „umgekehrte" Biografie. Ergänzen Sie im Präteritum.

Sie war nicht mehr.
Sie *starb*............ mit 69 Jahren. (sterben)
Sie .... an ihr Leben und .... glücklich. (denken • lächeln)
Mit 65 .... sie noch einmal ohne ihn nach Tokio. (fliegen)
Sie .... 20 Jahre glücklich mit ihm, bis er für immer .... (leben • gehen)
Drei Wochen später .... sie. (heiraten)
Nach 10 Jahren .... sie ihn zufällig auf der Straße. (treffen)
Nach 3 Monaten .... sie nach Deutschland .... (zurückkehren)
Sie .... ihm lange Briefe. (schreiben)
Sie .... ihn nicht vergessen. (können)
Er .... nach Australien zurück. (müssen)
Sie .... sich unsterblich in ihn. (verlieben)
In Tokio .... sie ihn in einem Café .... (kennenlernen)
Vor ihrem Studium .... sie eine Reise um die ganze Welt. (machen)
Sie .... eine glückliche Kindheit. (haben)
Sie wurde geboren.
Sie war noch nicht da.

8 Ich hatte es versprochen! Antworten Sie im Plusquamperfekt.

a ● Warum hast du gestern keinen Kuchen mehr gebacken? (es versprechen)
▲ Ich weiß, *ich hatte es versprochen*..............................., aber ich musste so lange im Büro bleiben.

b ● Und warum musstest du so lange im Büro bleiben? (mein Chef mich darum bitten)
▲ Weil ....

c ● Und warum hast du nicht danach den Kuchen gebacken? (die Zutaten nicht einkaufen)
▲ Weil ....

d ● Und warum hast du nicht dann noch eingekauft? (die Geldbörse zu Hause vergessen)
▲ Weil ....

e ● Und warum hast du die Zutaten nicht von deinen Nachbarn geliehen? (sie schon ins Bett gehen)
▲ Weil ....
Und warum hast du eigentlich keinen Kuchen gebacken?

9 Ergänzen Sie die Sätze mit dem Futur I.

a Ich verspreche euch hiermit, dass *ich nie wieder lügen werde*... . (nie wieder lügen)

b Sobald sie können, ... (uns besuchen)

c ....
(jetzt sofort dein Zimmer aufräumen), sonst kannst du was erleben!

d Machen Sie sich keine Sorgen. Ich bin überzeugt, dass ....
(Lösung finden)

e Ich bin mir ganz sicher, dass es ....
(euch dort gut gefallen)

10 Unerfüllte Wünsche. Ergänzen Sie.

a Klaus hat so ein tolles Fahrrad. Ach, *hätte ich doch auch so ein Fahrrad*.................................... !

b Lina hat einen neuen, interessanten Job. Ach, ... !

c Peter ist vier Wochen am Meer. Ach, wenn .... !

d Sven kann super reiten. Ach, ... !

11 Hinterher weiß man alles besser! *Hätte ich doch ...* Schreiben Sie.

a Sie kommen zu spät zur Arbeit. (früher aufstehen) *Wäre ich doch früher aufgestanden*................. !

b Sie haben den Bus verpasst. (mit dem Fahrrad fahren) .... !

c Sie werden nass. (Regenschirm mitnehmen) .... !

d Sie haben Kopfschmerzen. (früher ins Bett gehen) .... !

e Sie haben den Geburtstag Ihres besten Freundes vergessen. (ihn in meinem Kalender notieren)
.... !

12 **Schreiben Sie Sätze im Konjunktiv.**

nicht so viel arbeiten müssen auf den Mond fliegen können Clown sein zaubern können heute rechtzeitig aufstehen gestern Abend früh zu Bett gehen	du das schönste Leben auf Erden haben mehr Zeit für meine Hobbys haben endlich einmal die Erde von oben sehen nicht die S-Bahn verpassen jedem Zuschauer eine rote Rose schenken heute nicht so schrecklich müde sein

Wenn ich nicht so viel arbeiten müsste, hätte ich mehr Zeit für meine Hobbys.
…

13 ***Wenn ich … wäre.*** **Was denken die fünf Personen übereinander? Schreiben Sie.**
Ein Kind, eine Marktfrau, eine Hausfrau, ein Student und ein Geschäftsmann stehen an der Bushaltestelle und warten.

a *Kind:* Marktfrau – nicht in die Schule gehen – den ganzen Tag im Freien sein
Ach, wäre ich doch eine Marktfrau! Wenn ich Marktfrau wäre, dann müsste ich nicht in die Schule gehen und könnte den ganzen Tag im Freien sein.

b *Marktfrau:* Hausfrau – abends nicht so lange arbeiten – mehr Zeit für die Kinder haben
…………………………………………
…………………………………………

c *Hausfrau:* Student – nicht immer putzen und kochen – viele nette Leute kennenlernen
…………………………………………
…………………………………………

d *Student:* Geschäftsmann – nicht in einer WG wohnen – viel Geld haben
…………………………………………
…………………………………………

e *Geschäftsmann:* Kind – nicht so viele Sorgen haben – jeden Tag in die Schule gehen
…………………………………………
…………………………………………

14 ***Er tut so, als ob …, aber in Wirklichkeit …*** **Schreiben Sie Sätze.**

			aber in Wirklichkeit …
a	es scheint:	Drucker – drucken	nichts auf dem Papier stehen
b	es hört sich so an:	Staubsauger – funktionieren	alles noch schmutzig sein
c	es sieht so aus:	Peter – sich gut eingelebt	seine Familie vermissen
d	es scheint:	Handy – meine SMS verschicken	nur speichern
e	er tut so:	er – wichtigen Termin haben	Kaffee trinken gehen

a *Es scheint, als ob der Drucker drucken würde, aber in Wirklichkeit steht nichts auf dem Papier.*
b …………………………………………
c …………………………………………
d …………………………………………
e …………………………………………

15 Ein Tag im Leben des Werner P. Schreiben Sie Sätze mit *untersuchen*, *röntgen*, *operieren*.

1 untersuchen ● 2 röntgen ● 3 operieren

a Werner hat sich sein Bein gebrochen. Was passiert mit ihm? Ergänzen Sie.

1 Zuerst *wird*...... er vom Arzt *untersucht*...

2 Dann .... der Knochen ....

3 Danach .... er sofort ....

b Was sagen die Ärzte am nächsten Tag? Ergänzen Sie.

1 Gestern *wurde*.... der Patient zuerst ....

2 Dann .... der Knochen ....

3 Der Patient .... sofort ....

c Was erzählt seine Frau? Ergänzen Sie.

1 Stell dir vor, Werner hatte gestern einen Unfall. Wir sind sofort zum Arzt. Dort *ist*...... er gleich .... Und: Er hatte sich das Bein gebrochen. So ein Pech.

2 Dann .... der Knochen ....

3 Weil der Bruch so kompliziert war, ... er sofort ....

16 *Das Bein muss ruhig gehalten werden.* Wie geht es weiter? Schreiben Sie die Sätze im Passiv.

a Werner muss das Bein noch ruhig halten. Das Bein *muss ruhig gehalten werden*............................ .

b Er darf es noch nicht bewegen. Es ....

c Man kann den Gips in drei Wochen entfernen. Der Gips ....

d Dann muss man das Bein noch einige Zeit beobachten. Dann ....

17 Was ist richtig? Markieren Sie die richtige Präposition.

a Ich ärgere mich oft (über) / an / für das schlechte Programm.

b Können wir uns nun endlich über / für / zu eine Sendung entscheiden?

c Ich interessiere mich am meisten für / an / auf Dokumentarfilme.

d Ich habe von / über / bei diese Komödie wahnsinnig lachen müssen.

e Wir freuen uns jeden Tag über / zu / auf unsere Lieblingssendung.

f Meine kleine Schwester ist ganz verliebt mit / in / für Johnny Depp.

g Erinnerst du dich noch an / für / auf die Serie mit Brad Pitt?

18 *darauf* oder *auf ihn*, *damit* oder *mit ihm*, ... ? Ergänzen Sie.

a Heute Abend sehe ich mir wieder meine Lieblingsserie an. Ich freue mich schon *darauf*....... .

b Du, ich habe leider keine Zeit. Ich bin mit Paul vor dem Kino verabredet. Ich treffe mich .... um 20 Uhr.

c Der Krimi war so spannend. Ich konnte kaum schlafen. Und als ich endlich eingeschlafen war, habe ich die ganze Nacht .... geträumt.

d Die Kandidaten bei dem Quiz! Ich musste so .... lachen. Die haben nichts gewusst!

e Erinnerst du dich noch an den schrecklichen Sänger? Ich könnte mich heute noch .... aufregen.

19 **Mit oder ohne *zu*? Ergänzen Sie.**

a Erlaubst du uns, heute ins Kino zu...... gehen?
b Musst du jeden Tag diese Schuhe an...........ziehen? Die sehen fürchterlich aus.
c Wir haben schon angefangen, für die Prüfung .... lernen.
d Gestern hat es endlich mal für ein paar Stunden aufgehört .... regnen.
e Ich vergesse bestimmt nicht, dort an...........rufen. Du brauchst mich nicht ständig daran .... erinnern.
f Können wir später kurz .... telefonieren? Ich muss jetzt leider gleich los.
g Ich habe vor, meinen Geburtstag dieses Jahr groß .... feiern.
h Ich habe überhaupt keine Lust, heute Abend schon wieder ins Kino .... gehen. Ich will endlich mal wieder ins Theater .... gehen.
i Hättest du Zeit, morgen Mittag mit mir essen .... gehen?

20 **Eine fleißige Praktikantin. Antworten Sie: *Nein, Sie brauchen nicht zu ...***

a ● Kann ich für Sie die Blumen gießen?
▲ Nein, danke. Sie brauchen............ die Blumen nicht zu gießen.. .
b ● Soll ich die Angebote kopieren?
▲ Nein, Sie .... die Angebote nicht ....
c ● Kann ich für Sie die Post holen?
▲ Nein, Sie .... die Post nicht ....
d ● Soll ich ans Telefon gehen?
▲ Nein, Sie .... nicht ans Telefon ....
e ● Soll ich die Rechnungen schreiben?
▲ Nein, Sie .... die Rechnungen nicht ....

21 **Was ist richtig? Kreuzen Sie an: *wenn* oder *als*.**

		als	wenn	
a	Ich habe viel mit Puppen gespielt,	☒	☐	ich noch ein Kind war.
b	Wir bringen euch etwas mit,	☐	☐	wir das nächste Mal aus Portugal zurückkommen.
c	Sie haben immer im selben Hotel gewohnt,	☐	☐	sie Berlin übernachtet haben.
d	Für mich war es ziemlich überraschend,	☐	☐	ich das zum ersten Mal gesehen habe.
e	Wir haben immer tolle Feste gefeiert,	☐	☐	mein Opa Geburtstag hatte.
f	Ich habe gerade am Computer gesessen,	☐	☐	er zur Tür hineinkam.

22 **Die Flugblatt-Aktion. Ergänzen Sie: *während* oder *nachdem*.**

a Nachdem........... wir uns auf einen Text geeinigt haben, kannst du die Flugblätter schreiben.
b Wir lassen die Flugblätter drucken, ... du sie geschrieben hast.
c .... du im Kopierladen bist, telefonieren wir mit den Behörden.
d .... wir alle Flugblätter unter uns aufgeteilt haben, gehen wir los.
e .... wir die Flugblätter verteilen, müssen wir versuchen, mit den Leuten ins Gespräch zu kommen.

23 Gewohnheiten. Was ist richtig? Markieren Sie die richtige Konjunktion.

a Nachdem/Als/Während er aufgestanden ist, macht er erst mal eine halbe Stunde Gymnastik.

b Bis/Seit/Bevor sie aus dem Haus geht, schaut sie nach, ob der Herd ausgeschaltet ist.

c Während/Bevor/Immer wenn sie nach Hause kommt, wäscht sie sich als Erstes die Hände.

d Als/Jedes Mal wenn/Nachdem seine Freundin mit dem Zug wegfährt, wartet er am Gleis, bis/bevor/nachdem der Zug abgefahren ist.

e Bis/Bevor/Seit ich sie kenne, fährt sie jeden Morgen mit dem Bus zur Arbeit.

f Nur einmal, nachdem/als/seit die öffentlichen Verkehrsmittel gestreikt haben, musste sie mit dem Auto fahren.

24 Wo möchten Sie wohnen? Ergänzen Sie: *obwohl – trotzdem – deshalb – weil.*

a Wir schätzen ein vielfältiges kulturelles Angebot. .Deshalb.............. wohnen wir in der Stadt.

b .... ich ein richtiger Stadtmensch bin, haben wir uns ein Häuschen außerhalb gekauft. Das Angebot war einfach zu gut.

c Ich liebe es, am Abend noch eine Runde im Wald spazieren zu gehen. .... wohne ich in der Stadt.

d Wir leben mitten im Zentrum, ... wir gerne am Abend ins Theater oder in eine nette Kneipe gehen.

e Unsere ganze Familie und unsere Freunde wohnen hier auf dem Land. .... kann ich es mir nicht vorstellen, irgendwo anders zu wohnen.

25 Engagement für eine bessere Welt. Was passt? Ordnen Sie zu.

a	Ich setze mich für den Naturschutz ein,	indem da um	ich den Schutz der Natur sehr wichtig finde. meinen Kindern eine saubere Umwelt zu hinterlassen. ich regelmäßig Geld spende.
b	Sie werden Mitglied in einem Tierschutzverein,	denn obwohl indem	Sie möchten diese Arbeit unterstützen. Sie dieses Formular ausfüllen. Sie selber kein Haustier haben.
c	Ich möchte in einen Sportverein eintreten,	deshalb um falls	etwas Sinnvolles zu tun. habe ich heute im Vereinsbüro angerufen. es nicht zu teuer ist.
d	Es ist wichtig, schon Kinder für den Umweltschutz zu begeistern(,)	indem und damit	ihnen ein gutes Vorbild zu sein. sie sich daran gewöhnen. man z.B. Projekttage in den Schulen anbietet.

26 **Lernen lernen. Schreiben Sie Sätze mit *um ... zu* oder *damit*.**

a Die Lehrerin hat viele Lerntipps gegeben. Ihr Kurs soll das Zertifikat bestehen.
Die Lehrerin hat viele Lerntipps gegeben, damit ihr Kurs das Zertifikat besteht.

b Carol schreibt zum Beispiel alle Wörter auf. Sie will sie sich so merken.
Carol schreibt zum Beispiel alle Wörter auf, um ....

c Philipp schreibt Briefe auf Deutsch. Er möchte sein Deutsch verbessern.
Philipp schreibt Briefe auf Deutsch, ...

d Carols Deutschlehrerin macht viele Übungen. Die Schüler sollen auf die Prüfung gut vorbereitet sein.
Carols Deutschlehrerin macht viele Übungen, ...
....

27 **Was passt wo? Schreiben Sie Sätze mit *um ... zu – statt ... zu – ohne ... zu*.**

a Man kann nicht zusammen wohnen, ohne Rücksicht zu nehmen.

b .... Streit mit den Nachbarn .... vermeiden, sollte man sie vor einem Fest informieren.

c Ab 22 Uhr sollte man in der Wohnung weiterfeiern, ... im Garten Lärm .... machen.

d Man darf keine Haustiere halten, ... den Vermieter um Erlaubnis .... fragen.

e Bei Problemen sollten Sie sich zunächst bei Ihren Nachbarn direkt beschweren, ... dem Hausmeister alles .... erzählen.

f Auf dem Hof haben Sie genügend Platz, ... die Wäsche auf..........hängen.

28 **Ja gerne, *falls* ... Schreiben Sie Sätze.**

a Sagst du Susanne schöne Grüße von mir? (überhaupt – sie – treffen)
Ja gerne, falls ich sie überhaupt treffe.

b Bringst du mir bitte Zucker mit? (einkaufen – heute – gehen – noch)
Ja gerne, ...

c Kannst du mir am Sonntag beim Umzug helfen? (nicht arbeiten müssen)
Ja gerne, ...

d Machst du ein Fest? (bestehen – Prüfung – haben)
Ja gerne, aber nur, ...

29 **Schwierige Entscheidungen. Ergänzen Sie: *zwar ... aber – entweder ... oder – weder ... noch – sowohl ... als auch – je ... desto*.**

a Je.......... länger ich darüber nachdenke, ... besser gefällt mir deine Idee!

b .... du gibst mir bald das Geld zurück .... ich leihe dir nie wieder etwas!

c Die Schuhe sind .... total schön und billig, ... ich kann mich nicht entscheiden, ob ich sie nehmen soll.

d Ich habe diese Woche schon viel zu viel Geld ausgegeben. Ich kann daher .... mit dir heute Abend essen gehen .... morgen ins Theater mitkommen.

e Die Wohnung ist .... riesengroß .... billig. Die nehmen wir!

30 **Kreuzen Sie an.**

		außerhalb	während	wegen	innerhalb	
a	Sie müssen die Rechnung	☐	☐	☐	☒	eines Monats bezahlen.
b	Die Straße wurde	☐	☐	☐	☐	eines Unfalls gesperrt.
c	Sie können auch	☐	☐	☐	☐	der Sprechstunden einen Termin vereinbaren.
d	Das Sommerfest wurde	☐	☐	☐	☐	des schlechten Wetters um eine Woche verschoben.
e	Sie schaute die ganze Zeit	☐	☐	☐	☐	des Gesprächs zur Tür.

31 ***Wegen eines Problems?* Was passt? Ordnen Sie zu und schreiben Sie.**

a Wegen / Problem (das) — würde ich mal bei der Geschäftsleitung nachfragen.
b Wegen / Mieterhöhung (die) — wenden Sie sich am besten an einen Rechtsanwalt.
c Trotz / Garantie (die) — funktioniert das Faxgerät immer noch nicht.
d Wegen / Vertrag (der) — hat das Kaufhaus das Spielzeug nicht zurückgenommen.
e Trotz / Reparatur (die) — würde ich an deiner Stelle mal einen Arzt fragen.

a Wegen des Problems würde ich an deiner Stelle mal einen Arzt fragen.

b ……………………………………………………………… .

c ……………………………………………………………… .

d ……………………………………………………………… .

e ……………………………………………………………… .

32 **Eine verrückte Familie! *außer* oder *nur*?**
Sehen Sie die Tabelle an und ergänzen Sie dann die Sätze.

Sie/Er …	Vater	Mutter	Sohn Julian	Tochter Sarah	Oma Marta	Opa Albert
ist ordentlich.	x	x	x		x	x
fährt gerne Motorrad.						x
liebt Katzen.	x	x		x		x
isst gerne gekochte Eier mit Marmelade.	x					
vergisst immer den Hausschlüssel.		x				

a Außer der Tochter ………………… sind alle ordentlich.
Alle sind ordentlich. Nur die Tochter ………………… ist unordentlich.

b Außer ………………… fährt niemand gern Motorrad.
Nur ………………… fährt gern Motorrad.

c ………………… und ………………… lieben alle Katzen.
Alle lieben Katzen. ………………… und ………………… nicht.

d ………………… isst niemand gern gekochte Eier mit Marmelade.
………………… isst gern gekochte Eier mit Marmelade.

e ………………… vergisst niemand den Hausschlüssel.
………………… vergisst immer den Hausschlüssel.

1 Nomen und Artikel

1.1 Genitiv

		Genitiv	
		mit bestimmtem Artikel	mit unbestimmtem Artikel / Possessivartikel
Singular	maskulin	des Rückens	**eines/meines** Fachmanns
	neutral	des Gesichts	**eines/meines** Medikaments
	feminin	der Haut	**einer/meiner** Spezialistin
Plural		der Beine	von Medikamenten / **meiner** Beine

auch so: dein-, sein-, ihr-, unser-, euer-, kein-

1.2 Adjektiv als Nomen

	Nominativ	Akkusativ	Dativ
maskulin	der Bekannte ein Bekannter	den Bekannten einen Bekannten	dem Bekannten einem Bekannten
feminin	die Bekannte eine Bekannte	die Bekannte eine Bekannte	der Bekannten einer Bekannten
Plural	die Bekannten – Bekannte	die Bekannten – Bekannte	den Bekannten – Bekannten

auch so: jugendlich: der/die Jugendliche; erwachsen: der/die Erwachsene; deutsch: der/die Deutsche

1.3 n-Deklination

	Nominativ	Akkusativ	Dativ
maskulin	der/ein Kollege	den / einen Kollegen	dem / einem Kollegen
Plural	die/ – Kollegen	die / – Kollegen	den / – Kollegen

auch so: der Mensch, der Nachbar, der Praktikant, der Herr, der Junge, der Pole, der Grieche ...

1.4 Pronomen

1.4.1 Relativpronomen

	maskulin	neutral	feminin	Plural
Nominativ	der Mann, der ...	das Kind, das ...	die Frau, die ...	die Männer, die ...
Akkusativ	der Mann, den ...	das Kind, das ...	die Frau, die ...	die Kinder, die ...
Dativ	der Mann, dem ...	das Kind, dem ...	die Frau, der ...	die Frauen, denen ...

1.4.2 Relativpronomen *was* und *wo*

Ist das Es gibt Also, das ist Ist es	alles, nichts, etwas, das,	was	dir dazu einfällt? ich richtig mache. ich nicht verstehe. du suchst?
Wir stellen uns Such doch Es ist Das ist	dort an, da, überall, das Dorf,	wo	es am schnellsten geht. du ihn immer hinlegst. ich hinkomme, das gleiche Problem. wir die Brotzeit gekauft haben.

1.4.3 Ausdrücke mit *es*

allgemein: Es ist einfach / schwierig / …
Es ist so weit.
Es gibt …
Befinden: Wie geht es Ihnen?
Wetter: Es regnet. / Es ist heiß, neblig, … / Es sind vierzig Grad. / Es fängt an zu regnen. …
Tages- und Jahreszeiten: Es ist Nacht/Sommer/…

2 Verben

2.1 Präteritum

2.1.1 Präteritum: Konjugation

	Typ 1	Typ 2	Mischverben
	machen	kommen	bringen
ich	machte	kam	brachte
du	machtest	kamst	brachtest
er/es/sie	machte	kam	brachte
wir	machten	kamen	brachten
ihr	machtet	kamt	brachtet
sie/Sie	machten	kamen	brachten

⚠ werden → wurde

2.1.2 Präteritum: Bedeutung

Präsens (heute)	Perfekt/Präteritum (gestern)	
er hört er ruft	er hat gehört er hat gerufen	er hörte er rief

Sie **hat geheiratet**	hört man oft in Gesprächen liest man oft in einem persönlichen Brief
Sie **heiratete**	hört man oft in Nachrichten liest man oft in der Zeitung, in Büchern, in Biografien, in Geschichten

2.2 Plusquamperfekt

2.2.1 Plusquamperfekt: Konjugation

	finden/sparen		umfallen	
ich	hatte		war	
du	hattest		warst	
er/es/sie	hatte	gefunden/gespart	war	umgefallen
wir	hatten		waren	
ihr	hattet		wart	
sie/Sie	hatten		waren	

2.2.2 Plusquamperfekt: Bedeutung

Das ist passiert:	Das war vorher:
Sarah hat ihr erstes Auto gekauft.	Sie **hatte** lange darauf **gespart**.

2.3 Futur I

2.3.1 Futur I: Konjugation

ich	werde	
du	wirst	
er/es/sie	wird	rufen
wir	werden	
ihr	werdet	
sie/Sie	werden	

2.3.2 Futur I: Bedeutung

Das passiert jetzt:	Das passiert in der Zukunft:
Ralf und ich fahren nach Dänemark.	**Mitte Juli fahren** Ralf und ich nach Dänemark. Wir **werden** nach Dänemark **fahren**.

auch mit der Bedeutung: Vorsatz, Vermutung, Versprechen, Aufforderung

2.4 Konjunktiv II

2.4.1 Konjunktiv II: Irreale Bedingung

Konjunktion		Ende		Position 2		Ende
Wenn	ich Halswehtabletten	**hätte,**	(dann)	**würde**	ich sie Ihnen	**schenken.**
Wenn	Sie etwas deutlicher	**sprechen würden,**	(dann)	**könnte**	ich Sie besser	**verstehen.**

2.4.2 Konjunktiv II der Vergangenheit: Konjugation

ich	hätte		wäre	
du	hättest		wärst	
er/es/sie	hätte	gehört	wäre	aufgewacht
wir	hätten		wären	
ihr	hättet		wärt	
sie/Sie	hätten		wären	

2.4.3 Konjunktiv II der Vergangenheit: Irreale Wünsche

Hätte ich doch bloß **weitergeträumt**!
Wäre ich bloß nicht so früh **aufgewacht**!

2.5 Passiv

2.5.1 Passiv Präsens

ich	**werde**	
du	**wirst**	
er/es/sie	**wird**	
wir	**werden**	gerufen
ihr	**werdet**	
sie/Sie	**werden**	

2.5.2 Passiv Präsens mit Modalverb

	Position 2		Ende
Jetzt	**muss**	noch Ihr Knie	**geröntgt werden.**

auch so: können, dürfen, wollen, sollen

2.5.3 Passiv Präteritum

		Position 2		Ende
Singular	Die Mauer	**wurde**	1961	**errichtet.**
Plural	Die zwei deutschen Staaten	**wurden**	1949	**gegründet.**

2.5.4 Passiv Perfekt

		Position 2		Ende
Singular	Die Mauer	**ist**	1961	**errichtet worden.**
Plural	Die zwei deutschen Staaten	**sind**	1949	**gegründet worden.**

2.6 Verben mit Präpositionen

Verb + Präposition	Präpositionaladverb	Präposition + Personalpronomen	Fragewort	
	Sachen	*Personen*	*Sachen*	*Personen*
(sich) erinnern **an**	d**ar**an	**an** ihn/–/sie	**Wo**ran?	**An** wen?
sich interessieren **für**	d**a**für	**für** ihn/–/sie	**Wo**für?	**Für** wen?
sich treffen **mit**	–	**mit** ihm/(ihm)/ihr	–	**Mit** wem?

3 Adjektive

3.1 Partizip Präsens als Adjektiv

	Partizip Präsens			
maskulin	der ein	hüpfende hüpfender	Frosch Frosch	(Das ist ein Frosch, der hüpft.)
neutral	das ein	fahrende fahrendes	Flugzeug Flugzeug	(Das ist ein Flugzeug, das fährt.)
feminin	die eine	klingelnde klingelnde	Feuerwehr Feuerwehr	(Das ist eine Feuerwehr, die klingelt.)
Plural	die –	tanzenden tanzende	Mäuse Mäuse	(Das sind Mäuse, die tanzen.)

3.2 Partizip Perfekt als Adjektiv

	Partizip Perfekt			
maskulin	der ein	geplante geplanter	Ausbau Ausbau	Die Stadt hat den Ausbau geplant.
neutral	das ein	selbst geschriebene selbst geschriebenes	Flugblatt Flugblatt	Die Bürger haben es geschrieben.
feminin	die eine	versprochene versprochene	Einrichtung Einrichtung	Die Stadt hat die Einrichtung versprochen.
Plural	die –	engagierten engagierte	Eltern Eltern	Die Eltern sind sehr engagiert.

3.3 Adjektivdeklination mit dem Komparativ und Superlativ

	Nominativ			Akkusativ			Dativ		
maskulin	der ein	größere größerer	Platz Platz	den einen	größeren größeren	Platz Platz	dem einem	größeren größeren	Platz Platz
neutral	das ein	größere größeres	Angebot Angebot	das ein	größere größeres	Angebot Angebot	dem einem	größeren größeren	Angebot Angebot
feminin	die eine	größere größere	Heimat Heimat	die eine	größere größere	Heimat Heimat	der einer	größeren größeren	Heimat Heimat
Plural	die –	größeren größere	Plätze Plätze	die –	größeren größere	Plätze Plätze	den –	größeren größeren	Plätzen Plätzen

auch so mit dem Superlativ: der/das/die schönste/schwierigste/...

4 Präpositionen

4.1 Kausale Präposition: *wegen* + Genitiv

Warum lernen Sie Arabisch? Wegen meines Freundes.

4.2 Konzessive Präposition: *trotz* + Genitiv

Trotz des großen Angebots fehlen Plätze.
... *obwohl* es ein großes Angebot gibt.

4.3 Lokale Präpositionen: *innerhalb* – *außerhalb* + Genitiv

außerhalb einer Ortschaft (= *nicht in* einer Ortschaft)
innerhalb einer Ortschaft (= *in* einer Ortschaft)

4.4 *außer* + Dativ

In meiner Familie engagieren sich alle außer meinem Vater.
(alle, *nur* mein Vater *nicht*.)

5 Partikeln

5.1 Gradpartikeln

Die Filme sind	total / echt / besonders / wirklich / ziemlich nicht so / nicht besonders / gar nicht / überhaupt nicht	langweilig/interessant / ...

5.2 Abtönungspartikeln

Hätte ich doch Hätte ich bloß Hätte ich doch bloß	weitergeträumt.

6 Satz

6.1 Satzverbindungen: Hauptsatz + Nebensatz

6.1.1 Temporalsatz: *als*, *während*, *nachdem*, *bevor*, *bis*, *seitdem*

	Konjunktion	Ende
Das ist vor ein paar Jahren passiert,	als ich in Österreich	war.
Ich kann mich nicht um Majas Computer kümmern,	während ich unterwegs	bin.
Ich kümmere mich um den Computer,	nachdem ich das Essen	ausgefahren habe.
Ich kümmere mich um den Computer	bevor ich wieder	wegfahre.
Ich erledige deine Arbeit,	bis du vom Rechtsanwalt	zurückkommt.
Er hat Probleme,	seit(dem) er hier	lebt.

6.1.2 Konzessivsatz: *obwohl*

	Konjunktion	Ende
Bettina soll das Essen bezahlen,	**obwohl** sie keinen Hunger	**hat.**

6.1.3 Konditionalsatz: *wenn*, *falls*

Konjunktion	Ende		Position 2		Ende
Wenn ich Halstabletten	**hätte,**	(dann)	**würde**	ich sie Ihnen	**schenken.**
Wenn Sie etwas deutlicher	**sprechen würden,**	(dann)	**könnte**	ich Sie besser	**verstehen.**
Wenn ich mit ihm	**reden könnte,**	(dann)	**würde**	ich mit ihm über sein Heimatland	**sprechen.**
Wenn Frauen Männer	**wären,**	(dann)	**hätten**	sie Bärte.	

	Konjunktion	Ende
Der zweite Spieler ist dran,	**falls** seine Mitspieler das Wort nicht (= *wenn*)	**erraten haben.**

6.1.4 Finalsatz: *damit*

	Konjunktion	Ende
Herr Kelmendi fährt in seine Heimat,	**damit** *seine Kinder* die Großeltern *seine Frau*	**sehen.** **sich erholen kann.**

6.1.5 Modalsatz: *indem*

	Konjunktion	Ende
Das regelt man am besten,	**indem** man sich beraten (= *auf diese Weise*)	**lässt.**

6.1.6 Kausalsatz: *da*

	Konjunktion	Ende
Er spricht von Gewürzen, die kein Mensch kennt,	**da** sie nur in seinem Dorf (= *weil*)	**wachsen.**

6.1.7 Komparationssatz: *als ob*

	Konjunktion	Ende: Konjunktiv II
Michael ist Techniker, aber er tut so,	**als ob** er Topmanager	**wäre.**

6.1.8 Konsekutivsatz: *ohne dass*

	Konjunktion	Ende
Kann ich einen Satz zu Ende bingen,	**ohne dass** du mich	**unterbrichst?**

6.1.9 Relativsatz und Relativpronomen

maskulin					
Nominativ			der	berühmt	ist.
Akkusativ	Das ist der	Mann,	den	ich gestern	gesehen habe.
Dativ			dem	ich alles	erzählen kann.
neutral					
Nominativ			das	berühmt	ist.
Akkusativ	Das ist das	Kind,	das	ich gestern	gesehen habe.
Dativ			dem	ich alles	erzählen kann.
feminin					
Nominativ			die	berühmt	ist.
Akkusativ	Das ist die	Frau,	die	ich gestern	gesehen habe.
Dativ			der	ich alles	erzählen kann.
Plural					
Nominativ		Männer,	die	berühmt	sind.
Akkusativ	Das sind die	Kinder,	die	ich gestern	gesehen habe.
Dativ		Frauen,	denen	ich alles	erzählen kann.

6.1.10 Relativsatz mit Präposition

Ist das der Kollege,	über den von dem	
Ist das die Bekannte,	über die von der	du gesprochen hast? (sprechen über + Akkusativ) du erzählt hast? (erzählen von + Dativ)
Sind das die Kollegen,	über die von denen	

6.1.11 Relativsatz mit Relativpronomen *was* und *wo*

Ist das	alles,		dir dazu einfällt?
Es gibt	nichts,	was	ich richtig mache.
Also, das ist	etwas,		ich nicht verstehe.
Ist es	das,		du suchst?
Wir stellen uns	dort an,		es am schnellsten geht.
Such doch	da,	wo	du ihn immer hinlegst.
Es ist	überall,		ich hinkomme, das gleiche Problem.
Das ist	das Dorf,		wir die Brotzeit gekauft haben.

6.2 Satzverbindungen: Hauptsatz + Hauptsatz

Sehr gute Sprachkenntnisse sind wichtig für meinen Beruf, deshalb / deswegen / darum / daher / aus diesem Grund besuche ich diesen Kurs.

6.3 Zweiteilige Konjunktionen

Die Wohnung ist nämlich	nicht nur	sehr groß,	sondern auch	sehr billig.
Ich brauche	zwar	viel Platz,	aber	doch keine neun Zimmer.
In den 28. Stock kommt man	entweder	mit dem Lift	oder	über die Treppe.
Ich habe	weder	am Frosch	noch	in der Verpackung einen Schlüssel gefunden.
Ich war	sowohl	mit der Lieferzeit	als auch	mit dem Geschmack zufrieden.
	Je	leichter Ihnen das fällt,	desto	besser haben Sie den Verlust überwunden.

6.4 Infinitivsätze

6.4.1 Infinitiv mit *zu*

		Ende	
Ich habe keine Lust,	Ärger	zu bekommen.	*auch so:* Interesse/Zeit/Angst/... haben, ...
Hör endlich auf,	Probleme	zu machen.	*auch so:* versuchen, vergessen, anfangen, ...
Ist es nicht stressig,	den ganzen Tag durch die Stadt	zu fahren?	*auch so:* Es ist leicht/toll/anstrengend, ...

6.4.2 Verb: *nicht brauchen*, *nur brauchen* + Infinitiv mit *zu*

Sie brauchen	nicht	weiterzureden.
Sie brauchen es	nur	hinzubringen.

brauchen + *keine ...* (Akkusativ) + Infinitiv mit *zu*

Man braucht	keine	Stellenanzeigen	zu lesen.

6.4.3 Infinitiv mit *um zu*

Herr Kelmendi fährt in seine Heimat, um Ruhe zu haben.

6.4.4 Infinitiv mit *statt / anstatt zu*

Die Sekretärin sollte Hotelreservierungen immer schriftlich bestätigen, (an)statt nur im Hotel anzurufen.

6.4.5 Infinitiv mit *ohne zu*

Die Sekretärin sollte einen Flug nicht umbuchen, ohne die Chefin zu fragen.

Wortliste

Die alphabetische Wortliste enthält die neuen Wörter dieses Buches mit Angabe der Seiten, auf denen sie zuerst vorkommen. Wörter, die für die Zertifikate (Niveaustufe B1) nicht verlangt werden, sind kursiv gedruckt. Bei allen Wörtern ist der Wortakzent gekennzeichnet: Ein Punkt (a) heißt kurzer Vokal, ein Unter-strich (a) heißt langer Vokal. Nomen mit der Angabe (Sg) verwendet man nicht oder nur selten im Plural. Nomen mit der Angabe (Pl) verwendet man nicht oder nur selten im Singular. Trennbare Verben sind durch einen Punkt nach der Vorsilbe gekennzeichnet (ab·schalten).

ab·drücken AB 133
das Abendland (Sg) 76, 77
der Abgabetermin, -e 54
der Abgastest, -s 32
ab·gehen 46
abgelaufen 23, 41
der/die Abgeordnete, -n 73
ab·lenken 14
ab·rufen AB 96
ab·rutschen 36
ab·schalten AB 98
ab·schicken 14
ab·sichern 51
die Absicht, -en 41, 45
ab·spülen 21
ab·stimmen 64
ab·trocknen 21
abwärts 64
die Adelsfamilie, -n 47
die Agentur, -en 52
der Akrobat, -en 16
die Aktion, -en 40, 61
aktivieren 105
die Aktivierung, -en 105
die Akzeptanz (Sg) *AB 146*
der Alarm (Sg) 24
aller- 24
der Alltagsblog 146
die Alltagssprache, -n AB 99
als ob 20, 23, 24
altbekannt 11
das Altenheim, -e 34
der Anbieter, – 33
der Angeber, – 20
angebracht sein 51
der/die Angeklagte, -n 48
an·halten 64
an·hören AB 95
der Animationsfilm, -e AB 150
an·merken 32, 35
an·passen 42, 47
die Anredeform, -en AB 84
an·schaffen 24
der Anschlusszug, ¨-e AB 112
an·schmeißen 24
an·schreien 42
die Ansicht, -en 60, 61, 65
an·tasten AB 146
antun (sich) AB 124
die Anwalthilfe (Sg) 51
die Aprikosenmarmelade, -n 73
arabisch 43
der/die Arbeitslose, -n 52
die Arbeitslosigkeit (Sg) AB 146
der Arbeitsweg, -e 11
archivieren 105
argentinisch 68
die Armbanduhr, -en 43
das Aroma, Aromen 73
die Asche, -n AB 157
der Assistent, -en 66
die Assoziation, -en 73
die Atombombe, -n 67
die Atomkernspaltung, -en 67
attraktiv 34
die Aubergine, -n 73
der Auerochse, -n AB 150
auf·bewahren 22
die Aufbewahrung, -en 22
aufgrund AB 140
auf·halten 36, 42
auf·heben 54
auf·klären 61
die Auflage, -n 47
die Aufnahme, -n AB 101
auf·pumpen 52
aufregend 51
die Aufregung, -en AB 143
auf·schneiden AB 142
auf·sprechen AB 99
der Auftakt 61
auf·teilen AB 162
der Auftragseingang, ¨-e AB 115
der Auftritt, -e 17, 54
aufwendig AB 150
auf·zeigen 40
der Aufziehschlüssel, – 29
der Ausbau (Sg) 61, 65
die Ausbildungschance, -n 60
aus·drucken AB 96
aus·fahren 21, 25
ausgeschlossen 23, 25
aus·halten 14, 24
aus·knipsen 36
aus·lassen 36
aus·nutzen 46
aus·rechnen 21
aus·schließen 23
der Außenminister, – 64
außer 52, 55
außerordentlich AB 150
aus·spannen 13
ausstehend 48
der Aussteller, – AB 140
das Ausstellungsstück, -e AB 150
aus·sterben 72
ausverkauft 16
die Automobilausstellung, -en AB 140
die Autonomie (Sg) 71
der Babyschrei, -e AB 103
der Bach, ¨-e 61
bahnbrechend AB 150
die Ballerina, -s AB 109
banal 47
der Bankdirektor, -en AB 88
basteln 59
die Baugrube, -n 37
bedauern 33
bedecken 36
bedienerfreundlich 72
die Bedienung, -en 33
die Bedienungsanleitung, -en 22
der/die Bedürftige, -n 52
beeindrucken 42
beeinflussen 59
der Befehl, -e 36
befinden (sich) 31, 36, 105
befürworten 60, 65
die Begegnung, -en AB 91, 141
die Begeisterung (Sg) 43
der Begleiter, – AB 103
behindern 39
der Beitrag, ¨-e 23
beitragen 67
beleidigt 43
bemühen (sich) 13
das Benehmen (Sg) 42
das Benimmbuch, ¨-er 46
der Benimm-Ratgeber, – 47
die Benimm-Regel, -n 42
der Benutzer, – AB 99

das Preisschild, -er 32
das Privatleben, – 11, 47
der Produkt-Schlüssel, – 104
der Projekttag, -e AB 163
die Prophezeiung, -en 52
das Protaktinium (Sg) 66
der Protest, -e 61
protestieren 61
die Prozession, -en 43
psychologisch 46
das Puzzle, – 66
das Puzzleteil, -e 66
radioaktiv 66
die Radioaktivität (Sg) 66
ran·gehen 57
der Rappe, -n 63
die Rastalocke, -n 16
der Ratgeber, – 42
ratsam 42
rauchfrei AB 103
das Rauchstopp-SMS-Abo, -s AB 103
die Räumlichkeit, -en 54
rauschend AB 118
raus·stellen 21
die Recherche, -n 21, 54
recht haben 9
recht sein 11, 15
das Recht (Sg) 47, 63
rechtlich 51
der Rechtsanwalt, ¨-e 48, 50, 55
die Rechtsberatung, -en 51
die Rechtschreibung (Sg) 31
die Rechtsfrage, -n 51
recycelbar 17
das Recycling (Sg) 24
die Reform, -en 71
rege 53
Regel: in der Regel 43, 51
regeln 51, 55
der Reichstag 144
reif 24, 72
der Reim, -e 43
rein·bringen 41
die Reisefreiheit (Sg) 71
die Reitkunst, ¨-e AB 150
die Reklame, -n 32
die Rekordlautstärke (Sg) 17
die Relativitätstheorie (Sg) AB 150
resigniert 47
respektieren 46, 47
restaurieren 52
die Rettung (Sg) 61
die Revanche (Sg) 8, 9, 15
die Revision, -en 51
die Revolution, -en 47
der Richter, – 48
riesengroß AB 164
der Ritt, -e 72
roboterhaft 36
roh AB 114
der Rosenstrauch, ¨-er AB 156
das Ross, ¨-er AB 150
die Rückkehr (Sg) AB 157
die Rückzüchtung, -en AB 150
der Ruhetag, -e 33
Rumänien 71
rum·laufen 54
rum·stehen 26
runter·laden 24
der Sachverhalt, -e 51
sanft 24, 34
die Satzschlange, -n AB 113
das Schach (Sg) 10
schaden 60
schädlich 101
schätzen 42
die Schau, -en AB 150
scheiden lassen (sich) 40
die Scheiß-Sauferei (Sg) 37
scherzen 73
schieben 33
schimpfen 41
die Schlacht, -en 72
die Schlange, -n 30, 41
das Schließfach, ¨-er 22
die Schließung, -en AB 143
der Schneefall (Sg) 40
schnelllebig 51
der Schock, -s 24
schön·reden 54
die Schraube, -n 36
der Schraubenzieher, – 36
der Schrei, -e AB 103
die Schreibmaschine, -n AB 146
schreien 37
das Schritttempo, -tempi 42
schrumpfen 31
schüchtern 43
die Schulküche, -n 52
schütteln 36, 37
Schweizerdeutsch 17
der Segen, – AB 103
selber 43
selbstbewusst 34
das Selbstbewusstsein (Sg) 54
selbstgebacken 43
die Selbsthilfegruppe, -n 52
seltsamerweise 36
die Serviette, -n 46
die Sicherheitskontrolle, -n 41
sichtbar AB 143
die Siegermacht, ¨-e 62
siezen 11
das Signal, -e 64
der Signalton, ¨-e AB 99
die Sitten (Pl) 43
die Sitzung, -en 21
das Skelett, -e AB 150
sobald 30
sofortig 61
die Software (Sg) 18
solange 31, 46
somit AB 140
sommersprossig 36
sonderbar 17
sorgfältig 36
sowjetisch 62
sowohl ... als auch 32, 35
der Sozialdemokrat, -en 64
die Sozialdemokratische Partei Deutschlands (SPD) 64
sozusagen 23
die Spaßgesellschaft, -en 52
der Speicher, – 14
die Spende, -n AB 135
der Spender, – 53
Spezial- 31
der Spiel- und Kinderkrippenplatz, ¨-e 61
die Spielanleitung, -en 10
die Spieldose, -n AB 109
die Spielmöglichkeit, -en 59
das Spielwarengeschäft, -e 29
sprachlos AB 100
spritzen 72
der Spruch, ¨-e 52
spüren 17
der Staatsbürger, – 66
städtisch 61
die Stadtkasse, -n AB 143
der Stadtrat, ¨-e 59
die Stadtväter (Pl) AB 143
die Stallung, -en AB 150
stammen 67
der Stand (Sg) 101
der Standpunkt, -e 54
starren 37
der Startpreis, -e 23
der Stecker, – 24
steif 11
steil 33

S. 10: B – D © Hueber Verlag/Thomas Spiessl
S. 13: © iStockphoto/lisafx
S. 14: E1 © Hueber Verlag/Thomas Spiessl; E2 © Thinkstock/AbleStock.com
S. 16: links © Geri Born, Zürich; rechts © Tom Kawara, Zürich
S. 17: links © Geri Born, Zürich; Mitte © Tom Kawara, Zürich; rechts © Geri Born, Zürich
S. 22: C2 © fotolia/47media
S. 30: A1: A © Fotosearch.de; C © Thinkstock/Digital Vision; A2: A © fotolia/Klaus Eppele; B, D, E © Hueber Verlag; C © Thinkstock/iStockphoto
S. 31: B1: B © irisblende.de; C + D © Thinkstock/iStockphoto; B2: A © Thinkstock/iStockphoto; B © fotolia/Stephanie Swartz; C © iStockphoto/phant
S. 34: A © Beiersdorff AG, B © akg-images; C © PantherMedia/P. Ramakers; D © PantherMedia/H. Tesch
S. 36: Text „Das Beste aus meinem Leben" von Axel Hacke aus SZ-Magazin 14/2003
S. 37: Foto © Robert Brembeck
S. 40: A2: A © Polizei München; B: Fotomontage: Autofahrer © ullstein/Vision Photo; Straße © ullstein/ddp; C – E © Hueber Verlag/Thomas Spiessl; A4: A – C © Hueber Verlag/Thomas Spiessl; D © fotolia/Kzenon
S. 42: Text: mit freundlicher Genehmigung von www2.onunterhaltung.t-online.de
S. 43: Text aus „Gesammelte Olivenkerne. Aus dem Tagebuch der Fremde" von Rafik Schami mit Zeichnungen von Root Leeb © 1997 Carl Hanser Verlag, München – Wien
S. 46: © PantherMedia/Georgios Kollidas
S 47: akg Images
S. 52: Text nach: „Der Aufstieg des Guten" von Jens Schröder aus GEO Magazin 12/05, Foto © picture-alliance/dpa; Logo mit freundlicher Genehmigung der Freiwilligenagentur Tatendrang, www.tatendrang.de
S. 53: Cartoon © Thees
S. 54: Text E1 © „Schönreden" aus SZ Magazin 21/2005
S. 60: A2:1 und 3 © MEV; 2 © irisblende.de
S. 61: Foto A und Text 2 © www.Fluglaerm-Eppstein.de; Foto B © WWF Schweiz; Foto C © Greenpeace/Kurt Prinz
S. 62: A © Thinkstock/Hemera; B © iStockphoto/querbeet ; C © picture-alliance/AKG; D: Presse- und Informationsamt des Landes Berlin/Umbruch Bildarchiv; E © Getty Images/Kevin Russ; F © Thinkstock/Photos.com; G © picture-alliance/akg-images; H © Ralf Meyer-Ohlenhof
S. 63: C2: links © picture-alliance/dpa; Mitte © fotolia/Pixelvario; rechts © ullstein-Archiv/Gerstenberg
S. 64: D2 b: Text aus: „Der Dativ ist dem Genitiv sein Tod" von Bastian Sick © 2004 by Verlag Kiepenheuer & Witsch Köln (mit freundlicher Genehmigung des Autors durfte der Text im Kursbuch gekürzt und geändert abgedruckt werden. Hier der Originalauszug: „Farben schaffen Klarheit. Sie sind Erkennungszeichen, Signal und Synonym. Die Kommunisten haben den Anfang gemacht, sie wählten die Farbe Rot, weil sie so schön kämpferisch und leidenschaftlich wirkt, die Konservativen wurden schwarz, weil dies die Farbe der Kirche war, die Ökos tarnten sich mit dem Grün des Waldes, und wer von den Liberalen spricht, hat meistens die Farbe Gelb im Kopf. Diese ist schön grell und knallig, historisch betrachtet aber nicht eben positiv besetzt: Gelb galt lange Zeit als „Schandfarbe" und Juden, Dirnen und Ketzern aufgezwungen. Vielleicht haben die Liberalen das Gelb aber auch von den Kirgisen, denn bei denen ist es die Farbe der Trauer und der Gedankenversunkenheit. Und traurig war in den letzten Jahren schließlich so

manches Wahlergebnis der Liberalen, was genügend Grund zu Grübeleien gab. Doch außerhalb Deutschlands sind Liberale oft alles andere als gelb – nämlich blau. So zum Beispiel in den Niederlanden und in Belgien. Darum trägt die FDP zusätzlich zur Farbe Gelb auch noch Blau, gewissermaßen als Untertitel, damit sie im Ausland verstanden wird.")

S. 66/67:	Lise Meitner © Hahn-Meitner-Institut Berlin; Atompilz © picture-alliance/dpa; Kraftwerk Mitte © PantherMedia/M. Hoetzel; Kraftwerk rechts © PantherMedia/F. Jacobi; Warschauer Ghetto © picture-alliance/IMAGNO/Austrian Archives
S. 68:	A © Hueber Verlag; B © PantherMedia/Manfred Stöger; C © fotolia/Composer; D © Thinkstock/Top Photo Group
S. 70:	Karte © Ralf Meyer-Ohlenhof; 1 © Superjuli; 2 © PantherMedia/Mario K.; 3 © Superjuli; 4 © Bildunion/10221; 5 © PantherMedia/Mirko K.; 6 © irisblende.de
S. 71:	1-5 © Hueber Verlag/Gerd Pfeiffer
S. 72:	1 © Mauritius Images/Sims; 2 © picture-alliance/dpa/dpaweb; 3 © picture-alliance/HBVerlag; 4 © picture-alliance/dpa; Texte von : www.EntdeckeEuropa.de mit freundlicher Genehmigung des EIZ Niedersachsen; Osterfest in Ungarn © Kalmár Lajos; Leonhardi-Ritt © Harry Kübler/ Tölzer Leonhardi; Domtreppenfegen © BTZ Bremer Touristik Zentrale
S. 73:	Vural Öger © picture-alliance/dpa/dpaweb; Iris Berben © Getty Images/NSEA; Texte: „Was ist Heimat?" aus Welt am Sonntag, 11. März 2001
S. 74:	Venedig © Thinkstock/Zoonar; Paris © Thinkstock/iStockphoto; Text: Monika Dondojewska, Workshop „EU-Land Polen", Österreich Institut Kraków 2004
S. 76/77:	alle © Hueber Verlag
S. 85:	A © iStockphoto/Stockphoto4u; B © iStockphoto/nyul; C © iStockphoto/Mlenny Photography
S. 99:	Text nach „Apparate ohne Bedienungsanleitung und umständliche Menüs" aus www.ne-na.de © Medienbüro Sohn, Gunnar Sohn
S. 115:	Anzeige D, mit freundlicher Genehmigung von fastfood theater e.V., www.fastfood-theater.de
S. 118:	Tanja © irisblende.de; Sebastian © iStockphoto/nyul; Webers © Thomas Spiessl; Werner © ITF
S. 134:	C3: links © Thinkstock/iStockphoto; rechts © jupiterimages/Photoconcepts/Frank and Helena
S. 145:	A © picture-alliance/dpa-Bildarchiv; B © PantherMedia/Markus C. Hurek; C © iStockphoto/Getty Images; D © picture-alliance/akg-images
S. 150:	1 © Thinkstock/iStockphoto; 2 © PantherMedia/Georgios Kollidas; 3 © Neanderthal Museum/C.Creutz

Alle anderen Fotos: © Hueber Verlag/Alexander Keller